杜新建 ◎ 著

制造业服务化
对全球价值链升级的影响机制与效应研究

中国财经出版传媒集团
经济科学出版社
Economic Science Press
·北 京·

图书在版编目（CIP）数据

制造业服务化对全球价值链升级的影响机制与效应研究／杜新建著．-- 北京：经济科学出版社，2024．10．
ISBN 978－7－5218－6215－7

Ⅰ．F426．4

中国国家版本馆 CIP 数据核字第 2024DF1783 号

责任编辑：王　娟　李艳红
责任校对：易　超
责任印制：张佳裕

制造业服务化对全球价值链升级的影响机制与效应研究
ZHIZAOYE FUWUHUA DUI QUANQIU JIAZHILIAN SHENGJI DE YINGXIANG JIZHI YU XIAOYING YANJIU
杜新建　著
经济科学出版社出版、发行　新华书店经销
社址：北京市海淀区阜成路甲 28 号　邮编：100142
总编部电话：010－88191217　发行部电话：010－88191522
网址：www.esp.com.cn
电子邮箱：esp@esp.com.cn
天猫网店：经济科学出版社旗舰店
网址：http：//jjkxcbs.tmall.com
北京季蜂印刷有限公司印装
710×1000　16 开　12.25 印张　200000 字
2024 年 10 月第 1 版　2024 年 10 月第 1 次印刷
ISBN 978－7－5218－6215－7　定价：49.00 元
（图书出现印装问题，本社负责调换。电话：010－88191545）

前　言

当前，制造业服务化已成为全球经济发展的趋势，我国力求通过制造业服务化实现由制造大国向制造强国的转变。同时，一场以新一代信息技术广泛应用为特征的新工业革命逐步展开，推动人类生产方式和生活方式深刻变革。由此，新工业革命的推进与我国经济转型形成了历史性的交汇。在这样的大背景下，制造业服务化能否推动我国全球价值链升级，将以怎样的机制并且能够在多大的程度上推动我国全球价值链升级成为我国经济发展研究中的重要议题。基于此，本书分析了制造业服务化影响全球价值链升级的机理，考察了历史上制造业服务化各阶段对全球价值链升级的影响，并实证分析了我国制造业服务化对全球价值链升级的实际作用。同时，本书就新工业革命背景下制造业服务化对全球价值链升级的作用趋势进行了分析，并从政府和制造企业两个层面对推动全球价值链升级的路径进行梳理。最后基于上述分析，对我国如何实现全球价值链升级提出政策建议。全书的研究内容和结论可概括为如下几点。

第一，制造业服务化能够推动全球价值链升级，不同服务化类型的具体作用机制间存在差异，但均能正向推动全球价值链升级。从数理分析来看，通过求解模型均衡状态下价值链低端国家中间服务投入的最优生产发现，随着服务化水平的提升，全球价值链位置向上移动。从整体作用机制来看，制造业服务化主要通过产业关联效应、规模经济效应等影响全球价值链升级。分析发现除成本效应以外，制造业服务化能够通过相应作用机制正向推动全球价值链升级。从各类型服务化的作用机制来看，制造业流通服务化、制造业商务服务化主要通过差异化竞争效应和成本效应影响全球价值链升级。制造业金融服务化和制造业科技服务化主要通过技术创新效应推动全球价值链升级。制造业信息服务化对全球价值链升级的作用机制是多重的，体现在技术创新效应、规模经济效应等诸多方面。

第二，在不同的发展阶段，制造业服务化的主要类型及推动全球价值链升级的机制存在差异。未融合阶段的服务化主要表现为运输等生产性服务部门逐步从制造业内部分离出来，为制造业提供一般性、标准性的服务，主要通过出口效应等占据国际产业间分工的高端位置。初步融合阶段的服务化主要表现为金融服务业、商务服务业等产业的迅猛发展，主要通过技术创新效应、规模经济效应等实现在国际产品分工中的升级。高速融合阶段的制造业服务化主要表现为信息服务业、科技服务业等生产性服务业的发展，主要通过技术创新效应、差异化竞争效应等提升全球价值链中的地位。

第三，通过对我国发展现实的实证分析发现，制造业服务化能够显著推动我国全球价值链升级。实证分析的结果表明，我国制造业整体服务化对全球价值链参与度和全球价值链分工地位具有显著的正向影响，各类型服务化均能够显著推动全球价值链参与度和分工地位的提升，但在作用的大小和显著性水平上存在差异。通过对不同要素密集型制造业行业采用分组回归、动态面板模型估计等方式进行检验，结果表明上述结论是稳健的。

第四，在新工业革命作用下，制造业服务化和全球价值链均表现出新的发展特征，但制造业服务化仍能推动全球价值链升级。首先，在新工业革命的作用下，服务型制造成为制造业服务化在新时期的表现，呈现出关联性强等特征，涌现了基于产品等硬件的共享服务等新模式。其次，全球价值链通过分解、融合以及创构等形式实现重构，演变为由“标准制定——智能制造——服务平台”组成的“水平型”全球价值链。新型服务化主要从推动智能制造核心技术的研发和推广应用、推动平台经济等新型业态的发展、增强标准制定的能力三个方面实现“水平型”全球价值链升级。

新工业革命背景下，我国应当进一步推动制造业服务化，实现全球价值链升级。近年来，我国政府与制造企业对如何在新工业革命下通过制造业服务化实现全球价值链升级进行了有益探索，在取得了部分成就的同时积累了宝贵的经验。在未来，我国应当从以下几个方面进行重点突破。首先，提升核心技术自主创新能力，推动智能制造发展。其次，顺应新工业革命的发展潮流，推动服务型制造发展。再次，积极参与国际贸易规则重构，提升我国在新型全球价值链构建中的话语权。最后，完善制造业服务化的保障体系，实现全球价值链升级。

目　录

第1章　绪　　论

1.1　选题背景及研究意义

1.1.1　选题背景

当前，我国经济发展方式转变与新工业革命演进形成历史性交汇，全球产业竞争格局不断重塑，我国制造业发展面临着前所未有的巨大挑战。

第一，我国制造业增速放缓，面临全球价值链“低端锁定”，发展方式亟待升级。通过实施改革开放战略，我国经济保持数十年高速增长，经济总量跃居世界第二位，制造业增加值位居全球第一，在载人航天、高速铁路、超级计算机等领域处于全球领先地位。但是近年来，我国制造业增长速度逐年放缓，2022年仅为4.3%①，制造业采购经理人指数PMI低于50，制造业发展趋势不容乐观。同时，从全球制造业分工来看，我国制造业处于全球价值链劣势地位，制造领域核心技术缺失，产品质量品质较低，生产性服务业发展存在滞后，生产制造方式亟须转型升级。

第二，新工业革命推动科学技术进步和生产方式革新，为我国制造业服务化发展提供机遇。20世纪90年代起，部分发达国家制造业企业借助信息技术的发展，率先实现了服务化转型。以移动互联网、大数据、云计

---

① 《中华人民共和国2022年国民经济和社会发展统计公报》[R]. 国家统计局，2023.

算、人工智能等为代表的新技术推动全球生产方式的变革，为中国等后发国家实现制造业发展提供了条件。在新一代信息技术与制造业的融合发展领域，各国仍处于初步探索阶段。而我国在互联网领域的业态创新、企业规模等处于全球领先，同时还制定了一些发展战略和行动指导文件。通过充分利用“互联网+”优势，推动信息化和工业化融合，实现制造业服务化，不仅有助于实现制造业发展方式的转变，同时有助于我国制造业全球地位的提升。

第三，我国制造业发展面临“两头挤压”，国际竞争日益加剧。经过数十年的高速发展，我国整体上已经进入工业化中后期，劳动力成本不断上升，跨国公司为了降低生产成本，将过去由我国企业承担的加工制造环节转移至劳动力要素成本更低的部分东南亚国家，进而恶化了我国在价值链中低端面临的竞争环境。同时，智能制造在生产中的推广应用改变了产业链中各环节的附加值分布，发达国家通过实施“再工业化”战略，将生产制造环节回迁至国内，极大冲击了后发国家的比较优势，封堵了后发国家通过代工生产实现经济发展的路径。我国实现全球价值链升级的时间和空间进一步被压缩，亟须加快制造业转型。

由此，实施制造业服务化战略，是新时期培育我国经济发展新动能、实现制造业发展方式转变的可选模式。本书试图分析制造业服务化对全球价值链升级的作用机理，考察历史上制造业服务化各阶段对全球价值链升级的作用，实证检验我国制造业服务化对全球价值链升级的影响，并对新工业革命下制造业服务化对全球价值链升级的作用趋势进行分析。基于上述分析，对新工业革命下我国如何实现全球价值链升级提出政策建议。

1.1.2 研究意义

1.1.2.1 理论意义

随着信息技术的发展和全球分工的细化，生产性服务业不断发展壮大，逐步取代制造业成为全球特别是发达国家的主导产业。众多世界级的制造企业纷纷转型，实现以生产制造为核心业务向以服务为核心业务的转变。对于这一现象，学界给予了高度关注，涌现了服务增强、制造业服务化、服务型制造等众多术语。制造业服务化的概念最早由范德默韦和拉达（Vandermerwe and Rada，1988）提出，随后相关学者围绕制造业服务化的内涵、特征、企业创新能力提升、经营绩效的影响等方面展开研究，极大地发展了制造业服务化理论。但是，对于制造业服务化"价值链升级"效应的相关研究严重不足（刘斌等，2016）。本书以制造业服务化和全球价值链的既有研究为基础，从整体制造业服务化与各类型制造业服务化两个层面对制造业服务化影响全球价值链升级的机制展开系统研究，从而进一步丰富相关理论。

1.1.2.2　现实意义

自2005年起，我国政府逐步认识到制造业服务化的重要性，在《中央关于制定国民经济和社会发展第十一个五年规划的建议》首次提出大力发展现代制造服务业；党的十七大首次明确提出了要推动"信息化和工业化融合发展"；党的十八大强调要持续加深信息化与制造业的融合程度；2016年，工信部发布《发展服务型制造专项行动指南》，着力发展服务型制造这一制造业与服务业融合发展的新型业态；2017年，国家发展和改革委员会发布的《服务业创新发展大纲（2017—2025年）》提出促进制造企业向生产服务型转变，服务业向制造环节延伸。2021年，国家发改委等13个部委联合印发《关于加快推动制造服务业高质量发展的意见》指出加快高质量发展是制造业服务化发展的主题，通过加快制造业服务化发展实现服务业高质量发展。党的二十大报告中提出建设全球型的贸易、投资、融资、生产、服务网络以提升我国企业的全球竞争力。如此高度密集、高度衔接的发展战略充分反映了制造业服务化在我国制造业发展战略中的重要地位。但是制造业服务化对于我国全球价值链升级的作用有待进一步的量化分析。因此，本书将对制造业服务化影响全球价值链升级的效应进行考察，为相关政策战略的实施提供支撑，具有重大的现实意义。

1.2 概念界定

制造业服务化和全球价值链升级是本书研究的核心，新工业革命是本书进一步深入研究的背景，因此有必要对这些概念进行明确、清晰的界定，从而为后续研究奠定基础。

1.2.1 制造业服务化

服务化（servitization）的概念最早由范德默韦和拉达（1988）提出，他们认为服务化是生产制造企业由单纯的提供产品或者产品及附加服务，转变为提供包括物品、服务、自我服务和知识等在内的产品服务包。伴随着制造业服务化的发展，众多学者对制造业服务化的内涵进行了界定，本书尽可能地将具有代表性的观点进行梳理和比较，从而更加深入、准确地界定制造业服务化（见表 1－1）。

表 1－1　制造业服务化的内涵梳理

学者	定义	研究视角
怀特（White，1999）	制造企业由产品生产者转变为服务提供商，企业和产品均实现了服务化	企业产出变化
赖斯金（Reiskin，2000）	制造企业由以生产实体产品为核心业务转变为以提供服务产品为核心业务	企业产出变化
斯泽拉维茨（Szalavetz，2003）	包含两层含义，其一是指提升制造业生产效率的内部服务化，其二是指满足顾客日益提高的需求的外部服务化	企业生产过程

续表

学者	定义	研究视角
韦德·格乌斯（Ward Graves，2005）	生产企业经营业务中服务业务范围扩张	企业产出变化
任和格雷格里（Ren and Gregory，2007）	制造企业以服务为导向，提供优质产品，提升企业经营绩效的变革	企业生产过程
马丁内斯等（Martinez et al.，2010）	制造企业提升产品和服务供给水平的转型过程	企业生产过程
克里斯蒂娜·科瓦尔科夫斯基（Christian Kowalkowski，2017）	对比“去服务化战略”，提出制造业服务化是指公司商业模式由以产品为中心转变为以服务为中心，服务业务范围扩大，服务部门的重要性增强	企业生产过程
刘继国、李江帆（2007）	分为两个层次，一是投入服务化，指服务要素在生产所需的全部投入中占比提升；二是产出服务化，指服务产品在生产的全部产出中比重提升	企业生产过程和企业产出变化
周艳春、赵守国（2010）	制造企业以提升企业竞争力为目标，以服务顾客为指导，不断推动企业核心业务由制造转变为服务的动态过程	企业生产过程
何哲、孙林岩（2010）	提出“服务型制造”，包括基于生产制造的服务和满足客户需求的服务	企业产出变化
简兆权、伍卓深（2011）	基于“微笑曲线”理论，认为制造业服务化是沿着曲线向两端延伸的所有服务业务	企业生产过程
黄群慧、贺俊（2013）	两个维度，一是“制造业投入服务化”与“制造业产出服务化”；二是“企业内部服务化”和“企业外部服务化”，其中企业内部服务化表现为企业服务部门的强化发展，企业外部服务化指生产性服务业的发展	企业生产过程
童有好（2015）	制造企业由生产制造产品转变为提供产品、服务以及整体解决方案，延伸制造企业价值链，实现工业经济向服务经济的转变	企业产出变化
刘斌（2016）	通过客户的参与、服务要素投入的增加实现价值链参与者的价值增长	企业生产过程

续表

学者	定义	研究视角
陈丽娴、魏作磊（2022）	企业间互相提供服务性生产或生产性服务进而有机整合各自的优势产业资源	企业生产过程
吕越、陈泳昌、华岳（2023）	制造与服务融合发展形成的工业研发与设计、供应链管理、共享制造与定制化等产业新型业态	企业产出变化

资料来源：笔者根据相关文献进行梳理总结。

经过梳理既有文献和观点可以发现，虽然不同学者的研究视角和侧重点存在差异，但是概念间的核心内涵基本一致。制造业服务化一方面体现在企业生产过程的革新，另一方面体现在企业产品的变化。制造业的服务化必然引起制造行业的服务化。本书在借鉴“制造业投入服务化”和“制造业产出服务化”、“制造业内部服务化”和“制造业外部服务化”划分的基础上，同时考虑新工业革命的作用，对制造业服务化的内涵提出看法。制造业服务化可以从行业层面和企业层面分别界定。从行业层面来看，制造业服务化是指服务要素作为一种核心投入参与到产品生产中，表现为制造业与服务业间融合程度进一步增强，服务型制造成为制造业转型升级的重要模式。从企业层面来看，制造业服务化是指企业以新一代信息技术为支撑，为满足用户个性化、多样化、定制化的需求，创新企业组织生产和商业模式，由产品生产转变为提供“产品 + 服务”，提高产品附加值水平。

1.2.2 全球价值链升级

全球价值链升级以全球价值链理论为基础。格里菲（Gereffi，2001）结合全球商品链理论首次提出全球价值链的概念，认为全球价值链是指在全球范围内，为了生产并实现某种产品的价值而形成的跨企业网络，包括产品研发环节、制造环节、销售环节等。这一概念在学界得到了较为广泛的认可，学者纷纷以此为研究起点，对全球价值链驱动、全球价值链升级、全球价值链治理、全球价值链重构等理论分支进行细致研究。就全球价值链升级内涵而言，主要有如下代表性观点（见表1－2）。

表1－2 全球价值链升级的内涵梳理

学者	定义
格里菲（Gereffi，2001）	企业或者经济体主导产业依据比较优势的变化，由劳动密集型依次向资本密集型、技术密集型转移
卡普林斯基和莫里斯（Kaplinsky and Morris，2001）	升级包括工艺升级、产品升级和功能升级，工艺升级是指通过采用新的生产技术和设备优化生产，提升竞争力；产品升级是指开发新产品，提升产品质量以提高产品附加值；功能升级是指重组企业的核心环节，实现由低附加值环节向高附加值环节的转移
汉弗莱和施米茨（Humphrey and Schmitz，2002）	升级包括工艺升级、产品升级、功能升级和链条升级，前三者如前所述，链条升级是指依托现有能力和资源向具有更高附加值类型的价值链升级。一般情况下，全球价值链升级依照从工艺升级到产品升级，再到功能升级，最后到链条升级，当存在突破性技术创新时，可出现跃升
格里菲（Gereffi，2005）	包括工人、企业、国家在内的各级主体在全球生产网络中由低附加值生产环节向具有相对较高附加值的生产环节转移
汉森（Hansen et al.，2009）	发展中国家企业积极寻求与本土企业的合作，构建基于自身的生产网络从而实现全球价值链升级
费尔南德斯·斯塔克（Fernandez Stark et al.，2011）	全球价值链升级包括：（1）企业首次嵌入全球价值链；（2）后向升级，本土企业开始提供可贸易的投入或者服务；（3）终端市场升级，进入具有更高技术标准的产品生产领域或者需求量更大的产品市场
斯特兰奇和祖克谢洛（Strange R and Zucchella A，2017）	工业4.0带来的新型生产技术改变了全球价值链的价值分布，推动产业融合，推动新的商业模式的产生和发展，全球价值链升级意味着参与基于新型制造方式的全球分工
黄永明等（2006）	升级是指已经嵌入全球价值链的企业以全球价值链为依托，通过获取市场以及技术等提升自身竞争力，不断向利润更高的业务扩张的动态过程

续表

学者	定义
刘志彪等（2009）	升级是指通过打造基于国内需求的国家价值链，构建完整的生产网络治理体系，从而实现全球价值链地位的提升
黄群慧等（2013）	新一次工业革命生产技术的进步提升了制造环节的附加值，形成“沉默曲线”，甚至“悲伤曲线”，因而全球价值链升级也包括生产制造方式的进步
马红旗等（2012）	从无到有：发展中国家在附加值低的加工制造环节嵌入全球价值链；从低到高：生产环节逐步攀升，附加值逐步提高
刘斌等（2015）	升级是指打造以国内企业为核心的全球生产网络，企业整合要素资源的能力和协调供应链的能力提升
周静（2016）、杜传忠等（2017）	在新工业革命推动下，形成了由标准制定、智能制造、服务平台组成的新型全球价值链，全球价值链升级不仅包括向价值链两端的研发设计、市场营销环节的扩张，还包括融入基于智能制造的新型全球价值链
张艳萍等（2022）	全球价值链升级是个系统化过程，包括经济主体从贸易中获利能力的提升、地位的攀升以及嵌入程度的深化
杨仁发、郑媛媛（2023）	全球价值链由垂直专业化向网络连接转变，增加值向价值链两端转移从而形成更加陡峭的“微笑曲线”

资料来源：笔者根据相关文献进行梳理总结。

通过梳理可以发现，全球价值链升级最初是指产业间的升级，用以描述经济体主导产业由附加值低的产业向附加值高的产业转变的过程。但是随着全球产业内分工的发展，上述界定问题日益突出。一方面，同一个产业内不同的生产环节附加值存在巨大差异，在服装、食品等传统行业存在研发设计等具有高附加值的环节，而像航空航天、计算机等高科技行业同样存在加工、组装等低附加值环节。另一方面，随着生产技术的进步，某一产业生产技术的变革同样可以导致产业升级，即所谓的低端行业可能会由于生产技术的革新成为高端产业。因此，学者逐步认识到全球价值链升级是指不同功能环节的转变，表现为由中间低附加值的加工制造环节向两端高附加值的研发设计、营销服务等环节升级。但是随着新工业革命的发展，大数据、云计算、人工智能等新一代信息技术日趋成熟，生产制造环节的技术密集度逐步提升，发达国家纷纷实施再工业化战略，“微笑曲线型”附加值分布逐步向“水平型”发展，各环节附加值趋同。因此，现有的全球价值链升级概念已不适应全球价值链演进的新趋势。但是不可否认的是“微笑曲线型”全球价值链将在未来较长时间内继续存在直到智能制造技术在全球范围内推广普及。因此，本书认为全球价值链升级是指沿着“微笑曲线型”全球价值链向两端升级，在新工业革命下表现为通过生产方式革新等发展融入新型全球价值链，总体表现为一国参与全球价值链区段的扩张，参与的功能环节越多，获取的国际分工收益越高。

1.2.3 新工业革命

2008 年以来，人们逐步认识到一场巨大的技术变革正在改变着社会生产方式和生活方式。众多学者认为这场变革是颠覆性的，是人类发展历史上的又一次工业革命，因而尝试从多重视角对此次革命展开研究。从现有的研究来看，众多学者和机构对新工业革命的名称和内涵进行了界定，本部分试图通过对代表性观点的梳理和比较，从而更加准确地界定新工业革命（见表 1－3）。

表 1－3 新工业革命的内涵梳理

学者或机构	称谓	内涵
里夫金（Rifkin，2011）	第三次工业革命	从工业通用技术变革的视角出发，是基于可再生能源与互联网通信系统融合的变革
德国政府（2011）	第四次工业革命（工业 4.0）	从生产制造方式变革的视角出发，是物联技术等推动下的智能制造发展，从而实现高度数字化、个性化产品和服务的生产

续表

学者或机构	称谓	内涵
《经济学家》（*The Economist*，2012）	第三次制造业革命	从生产制造技术变革的视角出发，是基于3D打印技术等技术进步以及大规模定制需求推动下的变革
黄群慧、贺俊（2013）	第三次工业革命	从制造系统的主导技术变革的视角出发，是工业机器人、人工智能等技术推动下的以数字制造和智能制造为代表的制造范式变革
贾根良（2013）	第三次工业革命	从主要动力能源及生产技术变革的视角出发，是由制造业智能化革命、新能源革命以及新材料等技术变革为核心的革命
艾瑞克·布林约尔松（Erik Brynjolfsson，2014）	第二次机器革命	从工业机器发展的视角出发，是以机器人及自动化等人工智能技术发展为基础的智能制造发展，并不断产生大量组合式创新的变革
世界达沃斯论坛、施瓦布（Schwab K.，2016）	第四次工业革命	从生产制造范式变革的视角出发，是由物联网、大数据、云计算等推动下的物理信息融合，以网络化、数字化及机器自组织为标志
李金华（2018）	第四次工业革命	从颠覆性技术创新的视角出发，是由生物工程、通信工程等各个领域突破性技术创新及交叉应用实现的制造范式的根本变革
马奔等（2023）	第四次工业革命	以人工智能、量子信息技术、生物技术等为驱动力，人类进入智能时代
高奇琦（2023）	数字革命	由移动互联网、VR、AR等一系列数字技术搭建的数字世界，呈现出变动性、碎片化、平台化的特征

资料来源：笔者根据相关文献进行梳理总结。

通过梳理发现研究的视角决定了学者们对此次工业革命的认知，既包括对历史上工业革命的划分，也包括对正在不断演进中新工业革命的定义。从称谓上来看，主要的分歧在于新工业革命是“第三次工业革命”还是“第四次工业革命”。原因在于对新工业革命起点的界定，当前的工业革命是20世纪40年代以信息技术的突破及应用为代表的第三次工业革命的延续还是基于颠覆性技术创新及应用的第四次工业革命。随着新工业革命的深入推进，人们逐步意识到新一代信息技术的创新及应用是具有颠覆性的，深刻影响着社会生活和生产方式。随着各国政府相继出台了针对新工业革命发展的政策，第四次工业革命的定位逐步成为主流观点。本书以上述学者的研究为基础，从生产制造范式变革的视角出发对新工业革命进行定义。新工业革命即第四次工业革命，起始于2008年国际金融危机，以大数据、物联网、云计算、人工智能等新一代信息技术的创新和应用为标志，以制造业的数字化、智能化、网络化发展为核心，是具有丰富内涵、局部已突破、整体待演进发展的工业系统变革过程。

1.3　研究思路和研究内容

1.3.1　研究思路和路线

本书的研究思路为：首先，阐明本书的选题背景和研究意义，由此提出研究问题，并通过对既有研究的梳理和经典理论的总结为理论机制分析提供基础。其次，对制造业服务化影响全球价值链升级的机理进行全面分析，并通过对制造业服务化演进历程的划分，考察了制造业服务化在各个阶段对全球价值链升级的作用。再次，通过实证分析检验我国制造业服务化对全球价值链升级的影响效应，并对新工业革命下制造业服务化对全球价值链的作用趋势进行分析。最后，对新工业革命下我国如何推动全球价值链升级提出政策建议。研究路线如图1－1所示。

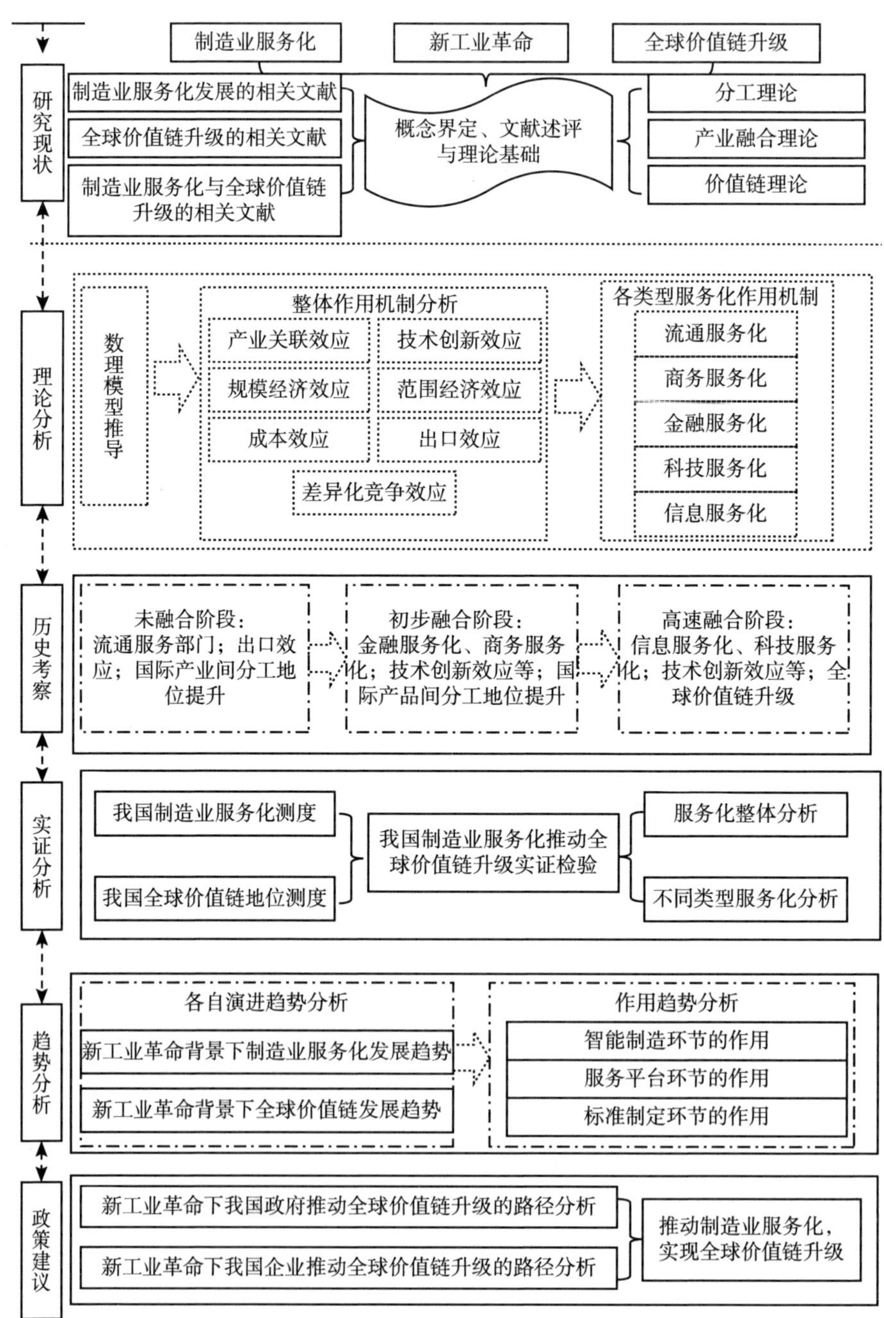

研究现状
制造业服务化
新工业革命
全球价值链升级
制造业服务化发展的相关文献
全球价值链升级的相关文献
制造业服务化与全球价值链升级的相关文献
概念界定、文献述评与理论基础
分工理论
产业融合理论
价值链理论
理论分析
数理模型推导
整体作用机制分析
产业关联效应
技术创新效应
规模经济效应
范围经济效应
成本效应
出口效应
差异化竞争效应
各类型服务化作用机制
流通服务化
商务服务化
金融服务化
科技服务化
信息服务化
历史考察
未融合阶段：流通服务部门；出口效应；国际产业间分工地位提升
初步融合阶段：金融服务化、商务服务化；技术创新效应等；国际产品间分工地位提升
高速融合阶段：信息服务化、科技服务化；技术创新效应等；全球价值链升级
实证分析
我国制造业服务化测度
我国全球价值链地位测度
我国制造业服务化推动全球价值链升级实证检验
服务化整体分析
不同类型服务化分析
趋势分析
各自演进趋势分析
新工业革命背景下制造业服务化发展趋势
新工业革命背景下全球价值链发展趋势
作用趋势分析
智能制造环节的作用
服务平台环节的作用
标准制定环节的作用
政策建议
新工业革命下我国政府推动全球价值链升级的路径分析
新工业革命下我国企业推动全球价值链升级的路径分析
推动制造业服务化，实现全球价值链升级

图 1－1　本书的结构框架

1.3.2　研究内容

依据上述研究思路，本书各部分的研究内容具体如下。

第1章是绪论。首先论述了本书的选题背景及研究意义，其次对核心概念“制造业服务化”“全球价值链升级”“新工业革命”进行梳理和界定，概述了本书的研究思路及研究内容，最后就本书涉及的研究方法、主要创新及研究难点进行了说明。

第2章是文献综述与理论基础。文献综述部分通过梳理制造业服务化与全球价值链升级相关的国内外研究，总结既有研究的成就及不足，从而明确本书研究的方向及重点。理论基础部分主要对本书相关的经济学基础理论进行概述，例如分工理论、价值链理论、产业融合理论等，从而为后续的理论机制分析奠定基础。

第3章是制造业服务化对全球价值链升级的理论分析。首先构建了一个制造业服务化推动全球价值链升级的简化模型。通过推导发现，价值链低端国家制造业服务化水平的提升能够推动全球价值链分工位置向上移动。其次从产业关联效应、规模经济效应、范围经济效应、技术创新效应、差异化竞争效应、出口效应、成本效应等方面对制造业服务化影响全球价值链升级的作用机制展开分析。最后从生产性服务业细分行业功能出发，将制造业服务化分为流通服务化等五种类型，对各类型制造业服务化推动全球价值链升级的作用机制进行分析。

第4章是对制造业服务化推动全球价值链升级的历史考察。首先对制造业服务化和全球价值链演进的驱动机制及阶段划分进行了分析。以工业革命为时间轴，将制造业服务化分为未融合、初步融合、高速融合三个阶段，将全球价值链划分为产业间分工（未形成）、产品间分工（未形成）、产品内分工（形成并发展）三个阶段。其次分析了各阶段制造业服务化的类型、影响全球价值链升级的主要作用机制以及最终的作用效果。最后通过对制造业服务化各阶段推动全球价值链升级的比较分析进行经验总结。

第 5 章是我国制造业服务化影响全球价值链升级的效应。5. 1 节以 WIOD 公布的 2000 ~ 2014 年我国投入产出数据计算直接消耗系数、完全消耗系数以衡量制造业服务化水平。5. 2 节通过垂直专业化率和出口国内技术复杂度对我国全球价值链的参与度和分工地位进行了测度，为实证分析提供依据。5. 3 节建立计量模型对制造业服务化推动全球价值链升级的实际效应进行分析，并从变量选取、计量方法选择等方面进行稳健性检验，从而增强结论的可靠性。

第 6 章是新工业革命背景下制造业服务化对全球价值链升级的作用趋势。首先分析了新工业革命驱动制造业服务化的机制，并对制造业服务化的发展特征及模式进行论述。其次分析了新工业革命驱动全球价值链演进的机制，并对全球价值链的发展特征进行论述。最后依照新型全球价值链中“智能制造—服务平台—标准制定”三个组成环节，分别对制造业服务化在各个环节的作用进行分析。

第 7 章是新工业革命背景下我国推动全球价值链升级的路径与对策。本章首先对新工业革命以来我国政府以及制造企业推动全球价值链升级的路径进行梳理，对所取得的成绩和积累的经验进行总结。其次综合前面几章的研究，对新工业革命下如何实现我国全球价值链升级提出政策建议。

第 8 章是结论与展望。本部分将系统总结本书的研究结论，对未来研究的方向和重点进行展望。

1. 4　研究方法、主要创新与研究难点

1. 4. 1　研究方法

本书研究的目的在于分析制造业服务化对全球价值链升级的影响机制和效应。在整个研究过程中涉及的研究方法如下。

第一，理论分析与实证分析相结合。本书通过数理推导与理论演绎相结合、整体分析与分类分析相结合的逻辑对制造业服务化影响全球价值链的作用机制进行了较为全面的分析。以理论分析为依据，通过建立计量模型对我国制造业服务化影响全球价值链升级的现实效应进行实证分析，并从变量选取、计量方法选择等方面进行稳健性检验，从而增强结论的准确性。

第二，历史分析与逻辑分析相统一。在对制造业服务化影响全球价值链升级的历史考察中，首先构建了制造业服务化和全球价值链演进的驱动机制。其次依据该逻辑框架，以衡量生产制造方式变革的工业革命为时间轴，对制造业服务化和全球价值链的演进阶段进行划分。驱动机制与阶段划分之间体现了历史与逻辑的统一。在对制造业服务化各阶段的历史考察中，依据制造业服务化影响全球价值链升级的理论机制，从服务化类型、具体作用机制等方面对制造业服务化各个阶段推动全球价值链升级的机制及效应进行分析，进一步体现了历史分析与逻辑分析的统一。

第三，统计分析与案例分析相结合。通过统计分析对我国制造业服务化水平和全球价值链地位的变化进行量化研究，从而更加准确分析我国制造业服务化和全球价值链升级的特征及存在的问题，为后续的实证分析提供可靠的统计变量。通过对新工业革命下我国制造企业推动全球价值链升级的探索进行案例分析，在进一步佐证制造业服务化能够推动全球价值链升级这一结论的同时，为我国在新工业革命下推动全球价值链升级提供可靠的经验。

1.4.2 可能的创新点

第一，对制造业服务化影响全球价值链升级的理论分析进行创新。一方面，对制造业服务业影响全球价值链升级的数理模型进行改进，体现在将国际分工理论模型①中的生产性服务业规模改为制造业服务化水平，同

① 该模型由隆（Long，2001）建立，唐海燕、张会清（2009）依据中国的现实进行了改进，本书是对唐海燕、张会清（2009）所建模型的进一步发展。

时对服务投入生产函数的参数未做限定从而增强结论的一般性。另一方面，依据生产服务业的细分行业对制造业服务化类型进行划分，并对各类型制造业服务化影响全球价值链升级的差异化作用机制进行了具体分析。

第二，在我国制造业服务化对全球价值链升级的效应分析中进行创新。一方面，通过全球价值链参与度和全球价值链分工地位两个指标衡量全球价值链升级。全球价值链的参与是从无到有、从低到高的过程。因此，全球价值链升级体现在全球价值链参与度的提高和分工地位的提升。另一方面，在相关指标的测度中进行创新。本书采用垂直专业化率衡量全球价值链参与度而非全球价值链地位，从而有效地规避了由于加工贸易存在导致的高估问题。同时，本书对出口技术复杂度进行了加权调整，剔除了出口产品中国外中间投入的影响，从而可以更加准确地衡量我国全球价值链地位。

第三，对新工业革命背景下制造业服务化影响全球价值链升级的作用趋势进行前瞻性分析。在新工业革命作用下，制造业服务化和全球价值链均出现新的变化，进而引起制造业服务化对全球价值链升级作用机制的变化。因此，本书分析了新工业革命驱动制造业服务化的机制，并对制造业服务化的发展特征及模式进行论述。同时分析了新工业革命驱动全球价值链演进的机制，并对全球价值链的发展特征进行论述。以此为基础，依照新型全球价值链中“智能制造—服务平台—标准制定”三个组成环节，分别对制造业服务化在各个环节的作用进行分析，从而进一步增强研究的现实性。

1.4.3 研究难点

一是对于制造业服务化推动全球价值链升级的历史考察。从既有的研究来看，国际分工的演进大致经历了从产业间分工到产品间分工再到产品内分工三个阶段，制造业服务化大致经历了生产性服务部门独立、生产性服务业与制造业初步融合、生产性服务业与制造业高速融合三个阶段。如何将国际分工和制造业服务化的发展阶段进行对应是科学地进行历史考察的关键。本书尝试通过对两者演进机制进行分析，发现了生产制造方式变革这一共有的驱动力，因而以衡量生产制造方式变革的工业革命作为时间轴，将制造业服务化与全球价值链演进的阶段一一对应，并进行进一步的分析。二是新工业革命作用下制造业服务化对全球价值链升级作用的机制分析。当前，新工业革命仍处于初期阶段，虽然众多企业家、学者、政府机构均对新工业革命的发展特征和趋势进行了研究和预测，但往往仅限于对现象的描述，对相关作用机理研究较少。本书尽可能通过对现有资料进行较新、较全的梳理，力求在理论层面刻画新工业革命下制造业服务化对全球价值链升级的影响机理。

第 2 章　文献综述与理论基础

本章试图对制造业服务化影响全球价值链升级的既有研究和基础理论进行梳理，为后文制造业服务化影响全球价值链升级的理论机制分析以及实证检验奠定基础。首先，从制造业服务化的演进历程、动力以及经济效应等进行综述。其次，从全球价值链的地位测算、影响全球价值链升级的因素和全球价值链的发展趋势三个方面对全球价值链升级的相关研究进行综述。再次，从行业和企业两个层面梳理制造业服务化影响全球价值链升级的相关文献。最后，概述了分工理论、产业融合理论和价值链理论等，从而为后续分析提供充分的理论依据。

2.1　制造业服务化与全球价值链升级的相关研究综述

2.1.1　制造业服务化的相关研究综述

制造业服务化的概念已经在第 1 章中进行了详细论述，因而本部分仅对制造业服务化的演进阶段、动力以及经济效应进行综述。

基于对制造业服务化内涵的不同认识，不同学者对制造业服务化演进历程的认识存在差异。范德默韦和拉达（1988）以及凡洛伊（2003）认为制造业服务化的演进分为三个阶段：阶段一，生产企业仅为顾客提供产品，并致力于提升产品品质以满足顾客对产品质量的要求。阶段二，生产企业向顾客提供产品及售后服务。售后服务主要包括产品的运输、安装、修理维护等。这些服务是基于产品的附加服务。阶段三，生产企业为顾客提供“产品—服务包”。服务已经成为产品的重要组成部分，厂商需要提供完整的服务解决方案以满足顾客的需求。赖斯金和怀特（1999）提出“基于产品的服务”，即企业将产品实物仅作为工具或者中介平台，为顾客提供与产品相关的服务，从而进一步延伸了制造业服务化演进的阶段，包括“产品——产品及售后服务——‘产品—服务包’——基于产品的服务”。菲什拜因（Fishbein，2000）认为在各阶段的演进中，生产企业通过多种不同方式满足消费者的需求，即存在大量中间状态，包括产品销售、产品销售及售后服务、租赁及售后服务，买方购买设备并向卖方支付维修及培训费用等交易模式。蔺雷、吴贵生（2009）基于我国制造服务化的发展提出了制造业服务化演进的四阶段论：阶段一，服务附属于企业产品，企业为降低生产成本将服务边缘化；阶段二，服务成为激励顾客消费的重要因素，但主要停留在运送组装、维修保养等环节；阶段三，服务内嵌进企业产品中，成为企业提升竞争力的重要方式，“产品—服务包”成为制造业服务化的重要表现形式；阶段四，服务成为企业独立的经营业务，是企业利润的重要来源，大量制造企业转型为以服务为主导的企业。方涌等（2014）依据服务业演进阶段的变化，概述了企业服务化战略的变化：阶段一，服务附属于产品，价值较低；阶段二，产品与服务共同产生价值；阶段三，服务完全脱离产品，作为一种服务产品产生价值。随着新工业革命的推进，制造业服务化涌现出新的发展趋势，制造业服务化的演进阶段得以进一步延伸。徐振鑫等（2016）基于制造业服务化的发展趋势提出服务型制造是制造业服务化的高级形态，它不仅具有以服务产品和实体产品为中心，以消费者多样化需求为指导，同时还将基于新一代信息技术的智能化生产方式纳入体系中。郭克清（2021）研究认为制造业服务化初期是基于产业价值链的移动和延伸，发展期是互联网科技与智能制造的结合，成熟期是“工业互联”等多模块联动的宏观生态系统。

在制造业服务化演进的过程中，动力来源是研究的重点。综合既有研究来看，主要包括如下几点：第一，满足消费者需求的变化。奥利瓦

（Oliva. R，2003）认为消费需求呈现多样化、个性化发展，企业通过提升产品质量的做法已经不能满足消费者的需求，而通过提供“产品—服务包”的形式能够更好满足消费者的需求，因而企业更加重视与消费者建立良好的关系。第二，企业培育差异化竞争优势。布兰迪・贝利和怀特（Brandy Berry and White，1999）通过对不同类型的公司进行研究验证了该结论。研究认为技术进步快的行业中，服务化的企业更易生存，且可以更好地适应变化迅速的市场环境，而技术进步较慢的行业中，制造业服务化可以有效地推动企业业务的演进从而不断获得新的扩张机会。任和格雷戈里（Ren and Gregory，2007）研究发现制造企业在推动服务化发展的过程中与消费者培养良好的关系从而建立市场竞争优势。布朗（Brown，2011）通过构建生产向服务扩展的理论模型发现，相对于单一的生产产品，通过推动服务化转型，企业对市场风险的感知能力会变得更强。努蒂宁（Nuutinen，2012）认为制造业服务化有助于企业优化组织结构，从而提升企业的竞争力。第三，企业提升经济收益。马修（Mathieu，2001）研究发现企业推动服务化的原因在于服务环节比制造环节具有更高的、更稳定的利润，有效地提升了股东的收益。刘新争、侯景懿（2023）基于2006～2021年制造业上市公司数据研究发现制造业服务化有利于提高要素价值创造能力和要素配置水平。第四，要素成本上升。汪应洛（2010）研究发现随着我国环境规制水平以及劳动力等要素成本的提高，制造企业的利润空间不断降低，而服务创造价值的潜力不断提升，从而推动企业服务化转型。杨书群（2012）研究认为生产制造环节消耗的资源、劳动力等成本上升推动企业进行服务业转型，不断拓展企业内部的价值链。罗世华等（2023）基于A股制造业上市公司数据研究发现通过大数据应用等服务化发展，企业组织管理能力、市场匹配度以及企业融资能力得以有效提升，企业经营成本和融资成本得以显著下降。

制造业服务化发展的经济效应是多重的。从宏观层面来看，制造业服务化能够显著提升产业生产效率，众多学者通过理论分析和实证分析佐证了这一观点。沃尔夫迈耶（Wofmayr，2008）对美国等主要发达国家投入产出数据进行分析发现服务投入正向促进行业生产率的提升。顾乃华

（2010）基于我国投入产出数据和HLM模型研究发现工业投入的服务化程度越高，工业全要素生产率越高，且影响的程度受对外开放的程度影响。李晓慧等（2015）从要素投入的视角分析发现，劳动密集型行业服务化的生产率提升效应要高于资本密集型行业。王术峰、李松庆（2016）通过对我国三大经济区2007年投入产出表进行分析发现制造业服务化程度与行业增加值率正相关，其中交通运输及仓储行业推动行业增加值率提升的作用最显著。彭继宗、郭克莎（2022）以全球43个国家2000～2014年的数据为研究样本进行了实证分析，研究发现制造业投入服务化通过影响技术进步效率和规模经济优势作用于制造业生产率，并且服务投入结构优化可以进一步提升作用程度。从企业层面来看，制造业服务化影响制造企业绩效。部分学者认为制造业服务化提升了企业绩效。渡边和胡尔（Watanabe and Hur，2004）通过对日本电器行业研究发现企业服务化程度越高，企业盈利水平越高。杨慧等（2014）、姜铸等（2015）分别通过对江苏省200家制造企业和西安地区181家制造企业进行分析，研究发现制造业服务化能够通过制造差异化产生溢价效应，降低企业运营成本从而提升企业绩效。部分学者持相反观点，认为制造业服务化降低了企业绩效。尼利（Neely，2008）对25个发达国家10028家制造企业进行研究发现制造业服务化存在众多隐藏的风险，服务化转型企业绩效低于制造业企业且破产率更高。部分学者持中间态度，认为制造业服务化对企业存在不确定影响。部分研究认为绩效是否提升受服务化程度影响。陈洁雄（2010）以中美两国电子装备、汽车等行业的企业为样本，研究发现企业服务化存在“服务悖论”，适度的服务化能够推动产品和服务的互动从而提升企业绩效，但是服务涉及的范围过多会降低企业的绩效。这一观点得到了卡斯塔利（Kastalli，2013）的支持，研究发现服务化与企业绩效间存在“马鞍形”关系，初期通过提供优质的售后服务提升了企业竞争力从而增加了盈利，但是中期由于进入新的服务领域，大量资本的投入降低了企业盈利能力，在后期随着企业服务经验的提升，企业盈利水平回升并超过初期水平。许冬兰、赵新阔（2021）采用2000～2014年我国制造业面板数据发现制造业服务化能够提升绿色全要素生产率，并且国外服务投入的效应大于国内服务投入。罗彦等（2021）基于2000～2013年中国制造企业数据实证分析发现投入服务化与企业加成率呈现出先下降后上升的趋势，我国目前仍处于倒“U”型左侧下降区间。部分研究认为绩效是否提升受企业所在产业生命周期阶段影响。徐振鑫等（2016）和江积海等（2016）研究发现处于产业成长期以后的企业服务化才能提升企业绩效。部分研究认为绩效是否提升受企业属性影响。陈丽娴和沈鸿（2017）以2003～2015年我国制造业上市公司为样本，制造业服务化能够显著提升民营企业绩效，但是对国有企业和外资企业绩效提升影响不显著。刘维刚、倪红福（2018）研究发现我国制造业服务化多是低质量、低层次而非研发等高端智能服务化，因而并没有有效提高企业的技术进步水平。魏作磊、王锋波（2020）基于广东省293家上市制造企业采用PSM－DID实证分析发现制造业服务化通过与现有产品进行战略匹配进而显著提升了广东省企业绩效，但是影响大小在时间上呈现出“先下降后上升再下降”的动态变化。吕越等（2023）研究发现制造业服务化能够通过产品创新和市场规模两条渠道显著提高就业规模，并且促进程度随着服务业集聚水平和开放程度提高而上升。

2.1.2 全球价值链升级相关的研究综述

从全球价值链的概念提出以来，众多学者围绕如何实现全球价值链升级展开了大量研究。综合当前研究的热点、重点以及本书研究的需要，选取了全球价值链地位的测度、影响全球价值链升级的因素以及未来全球价值链的发展三个研究领域展开综述。

全球价值链地位测度主要包括生产视角、价值视角和综合视角三种。从生产视角来看，包括产业上游度、出口技术复杂度等指标。博尔安特拉斯（PolAntràs，2012）提出产业上游度的概念，即产业最终消费产品的平均距离。法利（Fally，2012）认为产业上游度是指产业产品投入到相对上游产业的比重，并首次设定了计算方法。鞠建东、余心玎（2014）以我国海关贸易数据为依据，通过测算我国行业上游度指标发现我国出口产品属于低价值产品。何祚宇、代谦（2016）计算了 1995 ~2011 年全球 41 个国家的行业上游度，研究发现我国处于全球价值链的上游并且上游度不断提升。张为付、戴翔（2017）以产业增加值替代产业总出口对测量方法进行改良，采用 WIOD 数据测算了我国行业上游度，结果表明我国制造业分工地位上升，但是服务业分工地位持续下降，由此导致我国在国际分工中处于不利地位。出口技术复杂度由米卡里（Michaely，1984）提出，该指标基于出口产品的技术和人均收入正向关联的假设，出口技术复杂度等于出口额占全球总出口额的比重与出口国人均收入乘积的加总。豪斯曼（Hausmann，2005）考虑了国家经济规模对技术水平的影响，用出口国产品的显示比较优势指数占全球的比例作为权重，用乘积的加总作为出口复杂度指数。这一方法得到了国内外学者的认可，并基于此方法对全球价值链地位进行研究。杨汝岱、姚洋（2008）提出有限赶超的概念，并以 1965 ~2005 年 112 个国家为样本计算我国出口产品复杂度，研究发现我国出口产品中中等技术取代低端技术成为主导，产品的技术含量逐年提升。然而姚洋等（2008）、戴翔（2012）认为由于加工贸易占我国出口总量的比重较大，基于贸易总量的计算高估了我国出口产品的技术含量，因而主张剔除出口产品中的进口中间投入品价值。刘维林等（2014）通过区分一般贸易和加工贸易对 2001 ~2010 年我国制造业部门进行研究发现，我国通过参与全球分工显著提升了产品出口技术复杂度。唐晓华、刘蕊（2020）基于 2012 ~2017 年行业和产品出口数据，采用出口技术复杂度的方法测度了我国高铁产业的全球价值链地位，同时采用 RCA 指数等综合评价了相关细分行业的国际竞争水平。

从价值视角来看，主要以垂直专业化指数及其改进为主。该指数由胡梅尔斯（Hummels，2001）提出，包括直接进口和间接进口，垂直专业化指数指出口产品中进口的中间投入，衡量分布在各国的生产环节的增值情况。同出口技术复杂度指标一样，不考虑加工贸易形式影响的垂直专业化指数测度也高估了一国所处的价值链地位。因此，后续学者对垂直专业化指数的测算进行了改进。库普曼（Koopman，2008）通过区分中间品的进口部分和国内部分，将加工贸易考虑在内，提出相对参与程度测算的方法。道丁（Daudin，2011）以 GTAP 数据库为数据来源，测算了各国产品出口中所含的进口中间品份额，梳理了迂回生产中国内生产的增加值部分。李宏艳（2012）将 FDI 纳入分析中，在传统垂直专业化指数算法中用跨国公司在该国的中间投入品和进口量替代该国的进口量。罗长远、张军等（2014）以 Tiva 数据库为数据来源，测算了我国 1995 ~ 2009 年的国内附加值情况，结果表明我国出口产品的国内附加值呈先下降后上升的态势。赵霞（2017）通过区分国际分工、外资企业国内分工、本国企业国内分工等对我国装备制造业和生产性服务业的国内附加值进行测算，研究发现行业总垂直专业化系数维持在 10% 左右，而国际垂直专业化指数逐年上升。胡昭玲、汪子豪（2022）构建了吸收马尔科夫链的全球价值链测度框架，进一步拓展了全球价值链测度的方法和内容，揭示了全球价值链测度的数学本质。

从综合视角来看，主要是为了充分消除加工贸易导致的全球价值链地位高估问题。单一指标不能对各国间分工地位进行多维度的比较，同时大量人均指标的使用使得中国等人口大国的技术创新指标被低估。黄先海等（2010）通过充分考虑出口总额导致的国际分工地位高估问题，对非竞争投入占用产出模型进行改进，构建加权增加值指数对我国高技术产业国际分工地位进行测度，研究发现我国高技术产业分工地位逐年上升，但是与发达国家相比还存在较大差距。部分学者尝试通过采用微观企业数据测度全球价值链。刘斌等（2016）采用事后反向带入的方法测算企业出口产品质量用以衡量同类产品间的垂直分工，同时以各类产品出口比重与人均收入的乘积测算企业出口产品技术复杂度以测量各类产品间的水平分工，从而全面衡量全球价值链分工地位。吕延方（2020）从路径分解、双向数字关联以及双边联系三个层面构建数字全球价值链，从多维度评估我国在全球价值链中的位置以及融入路径。葛海燕等（2021）基于增加值创造能力和技术自主能力视角分别构建了全球价值链经济地位指数和全球价值链技术地位指数，并在此基础上合成了全球价值链分工地位指数。

全球价值链升级受多重因素影响。通过文献梳理发现主要存在如下几点。第一，技术水平。全球价值链嵌入与技术进步的影响是双向的。余泳泽、刘大勇（2013）通过采用空间面板模型实证分析了我国区域技术创新的溢出效应，结论表明我国区域创新具有较强的价值链溢出效应，体现为在知识创新、科研创新、产品创新间的相互促进，从而推动全球价值链升级。王玉燕（2014）以1999~2012年我国制造业23个行业为样本实证考察了全球价值链嵌入下的技术进步，结果表明两者呈现倒"U"型关系，嵌入初期技术进步效果明显，随着嵌入程度的提升，抑制效应突出。葛海燕等（2021）对我国2000~2014年全球价值链地位变化的驱动因素进行了划分和量化，研究发现增加值结构效应、经济地位效应以及技术地位效应是主要动力，其中技术地位提升是主导因素，并在一定程度上抵消了增加值结构带来的负面影响。第二，金融支持。在经济全球化发展背景下，金融发展水平对全球价值链升级影响深刻。泊松（Berthou，2010）通过构建国际贸易理论模型，将金融发展水平纳入分析，研究表明随着金融发展水平的提升，国际贸易的广度和深度均大幅增长，国际分工地位随之提升。齐俊妍等（2011）通过采用1995~2007年跨国面板数据分析了金融发展水平对出口技术复杂度的影响，结果表明金融发展水平的提高能够长期显著地推动一国产品出口技术复杂度的提升。吕越等（2016）以2001~2011年42个国家非竞争投入产出表为样本，研究结果表明融资约束深刻影响我国的全球价值链嵌入度，国内融资约束较大而出口目的地国家金融发展水平较高时，将阻止我国全球价值链地位的提升。刘源丹等（2023）基于2005~2014年42个国家和经济体数据研究发现金融服务"走出去"能够缓解融资约束同时降低投资壁垒，从而增强全球价值链双边合作度实现全球价值链相对地位的攀升。第三，制度质量。贝纳德（Bernard，2010）以美国企业数据库为样本实证分析了制度质量对国际贸易的影响，结果表明知识产权保护、政府规制等外部制度以及企业执行质量等内部制度显著影响企业贸易水平。戴翔、郑岚（2015）以1993~2010年我国省级面板数据为样本进行分析，结果表明制度质量的提升显著正向促进我国全球价值链地位的攀升。索维等（2022）分析认为更多深层次合作协定的签署使各成员基于全球价值链的分工更加紧密、附加值区域分配更加合理、产业分工效率更加高效。第四，FDI与OFDI。唐宜红、张鹏杨（2017）

通过匹配 WIOD 投入产出表以及中国企业数据库等分析了 FDI 对我国全球价值链地位的影响，结果表明 FDI 显著提升了我国出口产品的国内附加值，但是也造成了我国陷入低附加值生产环节，因而 FDI 不能提升我国全球价值链地位。杨连星、罗玉辉（2017）以 2003～2011 年我国行业数据为样本，采用系统 GMM 方法实证分析了 OFDI 对我国全球价值链升级的影响，结果表明 OFDI 能够显著提升我国全球价值链地位，分行业来看，技术密集型行业的促进作用低于劳动密集型和资本密集型行业。

随着全球经济的发展，全球价值链本身不断地演进变化，不同学者依据全球价值链演进的动因对全球价值链的发展趋势进行研究。佘珉、钱枫（2014）认为技术变革、新兴经济体兴起等多重因素共同导致了全球价值链变革。在这些因素的作用下，生产者主导的全球价值链呈现垂直整合、层级数量减少的特征，消费者主导的全球价值链呈现水平整合、各层级内的厂商数量减少的特征。邵安菊（2016）认为国际分工深化以及知识经济的发展是主要动因，随着全球分工的进一步深化，研发设计、采购生产进一步全球化、分工协作日益精细，附加值两极化日益严重，“微笑曲线”更加陡峭。何枭吟、王晗（2017）认为第四次工业革命中的生产智能化、高度数字化生产是主要动因，全球价值链重构在企业层面表现为大数据化管理、柔性生产和众包模式兴起，在产业层面表现为生产链条绿色化、智能化、服务化，在国家层面表现为区域一体化与多极化。杜传忠、杜新建（2017）同样认为第四次工业革命将推动全球价值链重构，以新一代信息技术为核心的技术创新将推动生产制造方式和组织方式变革，推动全球价值链由“研发设计—加工制造—品牌营销”的微笑曲线型价值链向“标准制定—智能制造—服务平台”的水平型价值链演进。李静、许家伟（2017）认为新兴经济体国际经济地位提升为主要动因。新兴经济体通过加强对外投资改变了全球对外投资的格局，通过加强各经济体间的合作深化区域价值链，通过制定大量的技术创新计划推动创新价值链的形成。陆颢（2017）认为贸易结构变化为主要动因。随着贸易结构的变化，全球产业布局呈现“集中式”和“分散式”，“微笑曲线型”和“彩虹曲线型”附加值分布的全球价值链并存，“贸易保护主义”和“贸易自由主义”同时存在。李坤望等

（2021）认为受贸易保护主义盛行、投资活跃度降低、劳动力成本上升、国际地缘政治冲突多发等因素影响，全球价值链增长停滞，极大地降低了新一代信息技术革命对全球价值链扩张的推进效力。张辉等（2022）认为全球价值链发展转向收缩与停滞，呈现出区域化属性增强、无形资产作用凸显、发展模式分层、利益分配固化等特征。赵佳颖、孙磊（2023）认为新时期附加值仍主要分布在研发营销工序和管理工序，制造工序的获利能力较弱，发展中国家与发达国家的利益分配差距持续拉大。易子榆等（2023）认为数据要素通过驱动生产成本和贸易成本的相对变动使得全球价值链向着区域化方向重构，并通过变革资源配置、规则制度、制度创新等驱动全球价值链呈现碎片化。黄亮雄等（2023）运用双边随机前沿模型研究发现工业机器人应用缩小了发展中经济体和发达经济体全球价值链分工地位的差距，并且通过产业关联效应进一步加速了全球价值链重构。

2.1.3　制造业服务化与全球价值链升级相关研究的综述

对于制造业服务化如何影响全球价值链升级的研究大致分为产业层面和企业层面，其中产业层面的研究较为丰富，企业层面的研究相对较少。同时，产业层面的制造业服务化发展表现为生产性服务业规模的扩张和内部结构的升级，是制造业与生产性服务业的融合发展。因此，在针对产业层面的综述中也包含了生产性服务业发展推动全球价值链升级的相关研究。

产业层面上，从制造业服务化发展影响全球价值链升级的影响路径来看，相关研究可以分为如下几类。第一，部分学者认为制造业服务化发展深化了价值链分工。制造业服务化发展既是社会分工深化的结果，同时又进一步推动了社会分工深化。弗朗哥（Francois，1990）指出随着国际市场的一体化，社会生产的专业化程度不断提升，服务外包兴起，企业将非核心业务外包给专业公司从而专注于核心业务。大量服务外包业务推动了生产性服务业的发展，形成了基于产业链的分工。李江帆（2004）指出生产性服务业发展经历了萌芽、发展、成熟三个阶段，在制造业领域先后发挥了“润滑剂”“生产力”和“推进器”的作用，推动产业分工不断细化，专业化程度不断提高。刘兵权、王耀中（2010）构建了高端制造业发展模型，研究发现现代生产性服务业推动分工和专业化程度的提升，从而推升高端制造业增长。宣烨、余泳泽（2014）认为生产性服务业发展呈现出城市间的层级，不同层级在市场容量、人才资源、信息资源等方面存在差异，从而产生层级分工，通过外溢效应推动制造业效率的提升。张渊阳（2015）以浙江省物流业的发展为研究对象，研究发现物流业的发展深化了制造业的分工，推动制造业的中间品贸易发展不断向制造业服务化转型，实现制造业升级。陈曦（2017）通过测算2003～2013年我国地级城市层面的“克鲁曼指数”（Krugman Index），分析了我国生产性服务业的分工演进情况，研究发现分工专业化的发展能够有效推进生产性服务业的发展。刘艳等（2017）通过测算1995～2011年我国服务业的“GVC指数”发现我国服务业中间出口较少，全球价值链前向参与程度低，从而导致我国国际分工地位偏低。这一研究从侧面验证了制造业服务化发展对于深化价值链分工、提升全球价值链地位的作用。凌丹等（2021）以2005～2014年全球42个国家18个制造产业为样本定量研究发现制造业服务化能够显著提高下游主导型产业的全球价值链地位，但是显著抑制了上游主导型产业和混合主导型产业的全球价值链地位提升。

第二，部分学者认为制造业服务化发展通过溢出效应提升产品技术含量和附加值从而实现价值链地位的提升。吕政等（2006）研究认为服务能够有效地为制造部门产品指引技术进步的方向，从而推动产品创新和技术变革，提升本国在全球分工中的地位。白清（2015）认为制造业服务化是生产性服务业与制造业的动态匹配融合，服务成为提升制造业全球价值链地位和附加值的重要因素，并重新嵌入到相应环节。在融合过程中，服务为制造业提供知识等高级生产要素，提升制造业生产效率，从而形成高附加值的产业链条。吕云龙、吕越（2017）以40个国家1995～2009年制造行业的数据为样本分析了制造业出口服务化与行业竞争力的关系，研究认为制造业出口服务化能够提升国际竞争力，特别是金融服务化和信息服务化作用最为显著。龙飞扬、殷凤（2019）以2007～2013年中国海关数据为样本研究发现制造业投入服务化能够提升企业的生产效率和创新效率，提升出口产品质量进而实现全球价值链的攀升。綦良群等（2022）以2000～2014年制造业相关数据为样本研究发现服务化能够提升企业探索能力和企业应用能力，进而实现全球价值链攀升。

第三，部分学者认为制造业服务化发展通过经济规模效应和产业关联效应推动全球价值链升级。贾根良、刘书瀚（2012）认为生产性服务业处于全球价值链的核心地位，以庞大的国内市场为依托，领军的制造企业纳入研发等生产性服务，构建完整的国家价值链，从而实现全球价值链升级。周大鹏（2013）对制造业服务化推动产业升级的机理进行分析，研究认为制造业服务投入能够使得更多的要素进行联合生产，从而降低相对于分别生产的成本，产生范围经济，同时服务要素的投入能够协调价值链各环节，从而降低交易成本，提升制造业的竞争力。崔鹏歌、尤宏兵（2015）以江苏省为例，依据投入产出表计算出各行业的垂直专业化程度和制造业服务化程度，研究表明江苏省通过参与全球分工推动了制造业服务化发展，但是制造业服务化发展并没有有效推动全球价值链升级，原因在于自主创新能力不足。綦良群等（2023）运用 Vensim PLE 软件进行系统仿真技术研究发现技术创新能力、人力资本、资本存量对于制造业服务化的全球价值链攀升起到推动作用。

近年来，随着相关数据的完善，企业层面的研究逐步增多。众多学者分别采用案例分析、理论模拟及实证分析等方法对企业层面的制造业服务化的全球价值链升级效应进行分析。大部分研究认为制造企业通过服务化发展能够实现企业升级，国际分工地位逐步提升。麦克弗森（Macpherson，2008）以美国纽约市科研装备制造企业为研究对象，结论表明企业服务化发展的程度决定了企业的创新能力，制造企业发展的服务化需求日益突出。孙和普列根库勒（Sun and Pleggenkuhle，2010）与莱波宁（Leiponen，2012）分别以芬兰制造企业和全球手机设备制造企业为研究对象，结论表明企业拓展设计研发和品牌营销能够有效提升企业的创新能力和研发效率，进一步提升企业的制造能力，从而实现企业升级。杨桂菊、刘善海（2013）以比亚迪为案例分析企业如何实现由 OEM 向 OBM 转型升级，研究发现代工企业通过加大研发投入、积极拓展国际市场、培育企业文化、构建基于自身的生产网络能够实现转型升级。杨金山（2015）以食品加工业、电子信息业、电器装备、纺织业上市制造企业为研究对象实证分析了制造业服务化与企业升级的关系。研究发现制造业服务化对企业升级存在“U”型影响，在服务化初期，企业的竞争力没有增加甚至下降，陷入“服务化困境”，随着管理经验等的积累，企业走出困境，竞争力实现长期增长。吕越等（2017）研究认为制造业服务化发展能够提升企业全要素生产率，从而提升企业国际竞争力，且作用程度随全球价值链嵌入的程度提升而增强。从服务化类型来看，信息服务化影响最大。刘斌等（2017）通过整合投入产出表、中国工业企业数据库等考察了制造业服务化对全球价值链升级的影响。研究认为不同类型的服务投入对全球价值链升级的影响不同。流通服务化有利于推动全球资源的整合，因而有效延长了产业链条；信息服务化推动了制造技术与信息技术的融合，从而提高了供应链的效率；金融服务化减弱融资约束，为行业研发投入和技术创新提供资金；分销服务化进一步提高企业在价值链下游的参与度，同时充分考虑顾客需求进一步提升产品附加值。然而，部分研究认为制造企业服务化发展能够实现企业升级依赖于其他条件。温德尔（Windahl.，2006）认为单一制造企业的服务化发展难以成功，需要与其他企业构架合作网络实现面向产品的整体解决方案，企业所需的技术投入越高所需要合作的企业越多。拉亚利（Layeta，2010）研究认为制造企业服务化能否成功受企业当前的行业地位、产品类型等诸多因素约束。刘莹（2014）认为代工企业长期以来对发包跨国公司全球治理渠道的依赖导致自身在服务化发展过程中缺少管理经验和运营知识，从而导致自身服务化转型升级失败。黄新焕、王文平（2016）认为代工企业服务化发展能否成功取决于企业对于资源的整合能力，通过获取资源整合中创造的内部租金和溢出租金才能保障企业实现升级。王向进等（2018）从投入的视角探究发现制造业服务化的异质化路径均能实现全球价值链的攀升，并伴随着碳排放量的大幅下降。刘玉荣、刘芳（2018）基于我国制造业面板数据研究了制造业服务化与全球价值链升级的交互效应，研究发现我国制造业参与全球价值链显著提升了服务化水平，但制造业服务化未对产业价值链提升形成强有力支撑。綦良群等（2022）以 2000～2014 年制造业相关数据为样本研究发现服务化能够提升企业探索能力和企业应用能力进而实现全球价值链攀升。

2.1.4　对已有研究的述评

依据本书研究的需要，本节先后对制造业服务化演进阶段、动力以及经济效应，全球价值链的测度、影响因素以及发展趋势，制造业服务化影响全球价值链升级的相关研究进行了梳理。现有的研究结论及观点不仅为本书的研究提供了必要的基础，还指明了进一步研究的方向。通过梳理发现现有研究有如下贡献。第一，现有研究对制造业服务化的内涵和发展阶段进行了及时的、有益的补充和扩展，为本书的研究提供了依据。制造业服务化随着时间的推移从无到有、由小及大，现有研究均准确地把握了制造业服务化在各阶段的发展特征，并以范德默韦和拉达（1988）提出的制造业服务化概念以及发展阶段为依据进行扩充。特别是新工业革命发生以来，部分学者将服务型制造归纳为制造业服务化的新阶段并加以分析，为本书后续的研究提供了依据。第二，现有研究对于全球价值链地位进行了多角度的测度，为本书研究提供了丰富的统计方法。现有的统计方法的视角包括生产视角（产业上游度、出口技术复杂度等）、价值视角（垂直专业化指数等）和综合视角（综合指标）三种。同时，随着加工贸易占全球贸易份额的增长导致基于贸易总量的计算高估了全球价值链地位，学者们对上述统计方法进行了改进以求更加准确地衡量一国的全球分工地位。第三，现有研究对制造业服务化影响全球价值链升级进行了辩证的分析，为本书的研究提供了参照。在行业层面上，不同学者依据深化分工、溢出效应、关联效应等不同的作用路径对制造业服务化如何影响全球价值链升级进行了研究，并较为一致地认为制造业服务化能够推动全球价值链升级。在企业层面上，受限于数据的可得性，大多采用案例分析，部分采用上市公司或者调研数据进行实证分析。众多研究表明企业层面的制造业服务化推动全球价值链升级是有条件的，受企业自身条件以及众多外部因素的影响，这为本书进一步的研究指明了方向。

但是通过文献梳理发现存在如下几点需要进一步改进和深入研究：第一，现有研究对制造业服务化影响全球价值链升级的作用机制分析不足。当前的研究主要集中在对制造业服务化整体影响全球价值链升级的作用机理进行分析，如产业关联、技术创新等。然而，生产性服务业各行业内部之间存在较强的差异性，由此导致在影响全球价值链升级的具体作用机制上存在较大差异，因此，本书尝试对制造业服务化的类型进行划分，细致考察各类型制造业服务化对全球价值链升级的作用机制。第二，现有研究对于企业层面制造业服务化与全球价值链的指标选取存在较大缺陷。从现有的数据库来看，工业企业数据和海关数据虽然能够较好地衡量企业的全球价值链地位，但是缺少制造企业服务化的数据，部分学者采用企业所属行业的服务化数据作为替代，这显然没有考虑行业内企业发展的异质性。上市公司数据虽然能够较好地衡量企业的服务化程度和类型，但是缺少测度企业全球价值链地位的数据。因而，对于企业层面制造业服务化影响全球价值链升级的实证分析缺少数据支撑。因此，本书尝试在产业层面对我国制造业服务化影响全球价值链升级的效应进行实证分析，在企业层面对我国在新工业革命下制造业服务化影响全球价值链升级的效应进行案例分析，一方面避免了数据缺失导致的缺陷，另一方面通过增加新工业革命的内容增强案例分析的意义。第三，现有研究中缺少对新工业革命下制造业服务化对全球价值链升级的作用趋势分析。在新工业革命作用下，制造业服务化和全球价值链均表现出新的发展趋势，作用机制也呈现出了新的形式和重点，因而本书尝试在新工业革命下制造业服务化与全球价值链的发展特征分析基础上，从推动制造方式革新、推动新兴业态发展、提升标准制定能力等方面对具体机制进行分析。

2.2 制造业服务化与全球价值链升级研究的理论基础

制造业服务化是社会分工深化的结果，是产业融合发展的高级形态，是企业基于推动价值链升级做出的战略选择。全球价值链升级是价值链视角下的产业升级。因而，通过对分工理论、产业融合理论、价值链理论的梳理为后文中制造业服务化与全球价值链升级的研究提供理论支撑。

2.2.1　分工理论

对于分工的研究最早可追溯到柏拉图、孟子等人的思想中，但系统性的研究由 19 世纪的亚当・斯密在《国富论》的创作中实现，分工理论成为古典经济学的核心。亚当・斯密认为分工有助于劳动生产力的提升，原因在于一是只承担一种工作的劳动者能够由于熟练程度的增加而不断提升工作技巧；二是分工可以减少劳动者由一种工作转换到另一种工作过程中产生的损失；三是大机器的发明和应用简化了劳动，使一个劳动者能够承担更多的工作。同时，斯密指出市场规模及市场化的程度能够深刻影响分工的发展。分工只有在市场达到一定的规模时才会出现，市场规模越大，则分工的专业化程度越高。随着自由贸易主义在全球范围内的扩张，市场化程度不断提升，经济一体化不断发展，从而不断加深专业化分工。阿林・杨格进一步发展了亚当・斯密的分工理论，提出了社会收益递增和迂回生产。杨格认为新行业的产生以及产品生产过程中迂回程度的提升是分工深化的主要表现。分工的深化将复杂的生产过程分解为相互协作的简单活动，从而为机器的使用创造了条件。在整个迂回生产的过程中，报酬递增机制得以实现。同时，阿林・杨格进一步深入研究了市场规模与社会分工的关系，认为两者的作用是相互的，市场规模的扩张取决于分工深化，社会分工的深化同样取决于市场规模的扩大。萨缪尔森在《经济学》中将分工归纳为资本主义经济三大特征之一，认为分工是提升生产效率的关键。分工通过货币实现交换，共同构成资本主义市场经济。杨小凯在《新兴古典经济学和超边际分析》中用数学语言对于分工的形式进行了探讨。虽然专业化的分工能够产生收益的递增，但是分工导致组织结构的复杂性不断提升，增加了交易费用，因而选择企业内分工还是企业间分工取决于分工所产生的递增收益与交易费用的高低。同时，中间需求是分工深化的关键。随着分工的深入，产业链条不断延伸和细化，面向厂商的中间产品和生产性服务得以发展，从而进一步推动分工的深化。正是基于专业化分工的深入，制造业服务化成为制造业发展的新趋势。

2.2.2 产业融合理论

产业融合思想最早起源于美国学者罗森伯格（Rosenberg，1963），用以描述同一技术向不同产业扩散的现象。随后对于产业融合的研究陷入沉寂直至20世纪末美国新电信法案的通过。众多学者对产业融合的概念、成因、模式、效应等方面展开研究，共同构建了产业融合的理论体系。从概念上来看，学者从技术融合、产业关联、系统论等视角进行研究，观点各异。较为广泛认可的观点如下：产业融合主要是指不同的产业或行业之间通过渗透、延伸、重组等形式相互作用，最终成为新的产业的动态过程。从产业融合的成因来看，主要包括技术的创新与应用、产业间关联性的增强、追求利益最大化等几个方面。

从产业融合的模式来看，一是基于新技术应用的融合。新技术在相关领域率先应用并逐步扩展到其他产业实现融合。二是基于产业内部关联的融合。在同一产业内部的各环节间，在特定约束下，由过去相互独立的状态通过重组等整合为一体。三是基于产业间关联的融合。通过不同产业链之间的延伸、交叉实现产业间的融合，主要体现在高新技术产业。从产业融合的经济效应来看，主要体现在如下几个方面。首先，产业融合能够推动传统产业的转型，进而不断优化产业结构。一方面，产业融合发展往往与新技术的应用同步，因而新技术在传统产业中的应用往往能够变革传统产业的生产方式，提升产品生产的效率。另一方面，新兴的融合产业往往能够产生新的产品和服务，逐步取代传统的产品和服务成为市场的主流，新兴产业逐步取代传统产业成为国民经济的主导。其次，产业融合有助于提升产业竞争力。通过基于新技术发明及应用实现的技术融合，在同一产业内企业的各个层面实现合作，从而实现产业内部的融合。同时，产业间不同企业的一体化合作能够通过范围经济、网络效应等实现产业竞争力的提升。最后，产业融合推动一体化市场的形成。通过产业融合发展，过去地区间、行业间、企业间的壁垒将逐渐被打破，要素及商品在各地区间的流动增多，资源的配置效率得以提升。基于此，本书应用产业融合理论对新工业革命下新技术的发明和应用推动的产业融合发展进行分析。

2.2.3　价值链理论

价值链理论由迈克尔·波特（1985）提出，用以分析企业的行为及竞争优势。波特将企业的增值活动划分为基本活动（原材料购买、生产制造、产品销售等）及辅助活动（财务、法律、人力管理等），而企业创造的增值总额是由各个活动共同完成的。从另一个视角来看，企业的活动包括生产活动和服务活动，生产活动往往具有较低的技术含量，由于市场竞争激烈因而其附加值较低，而服务活动的知识密集度较高易形成差异化竞争优势因而附加值较高，因此，企业服务活动比重越高往往能够获得更高的利润和附加值。布鲁斯·科格特（1985）不仅将价值链理论用于分析企业竞争，还将其应用于国家竞争力的分析。整个价值链条如何在地区间进行分布取决于各国的比较优势，由此也决定了该国的企业应当在哪个环节进行发展从而获取持久竞争力。这一观点为全球价值链理论的形成奠定了基础。克鲁格曼（1995）探究了企业各增值环节的地理空间布局问题，使价值链理论与产业布局问题进一步融合。而加里·格里芬（2001）则最先将价值链理论纳入全球商品链的分析框架中形成全球价值链理论，用以分析全球产品链的分工问题。格里芬将全球价值链的驱动力概括为两种，一种是企业依靠技术和资本优势通过投资扩张建立的分工体系，称为生产者驱动型；另一种是企业依靠品牌和销售渠道等优势通过代工和采购等建立起来的全球分工体系，称为采购者驱动型。从整个价值链的附加值分布来看，价值链两端的研发设计和销售服务等具有较高的附加值，而价值链中间的生产制造环节附加值较低，整个链条呈“微笑曲线型”。因而，全球价值链框架下的产业升级成为后续研究的重点。亨格雷和施密茨（Humphrey and Schmitz，2002）将价值链升级概括为四种，包括工艺升级（生产制造工艺的改进）、产品升级（生产产品品质的改进）、功能升级（向价值链两端延伸）与链条升级（融入全新价值链）。价值链理论体系的发展为本书对于新工业革命作用下的全球价值链重构分析奠定了基础。

基于对分工理论、产业融合理论、价值链理论的梳理，本书尝试构建制造业服务化影响全球价值链升级的理论框架，从整体服务化和分类型服务化两个层面对影响机制进行全面分析。基于理论分析，通过历史考察与实证分析相结合的方法分析制造业服务化对全球价值链升级的影响效应。同时，通过对新工业革命背景下制造业服务化对全球价值链升级的作用趋势进行分析，为我国在新工业革命背景下进一步通过制造业服务化推动全球价值链升级提供理论支撑。

第3章　制造业服务化对全球价值链升级的理论分析

本章主要研究制造业服务化对全球价值链升级的影响机理。首先，构建数理模型将制造业服务化与全球价值链升级纳入统一的分析框架中，通过数理推导论证制造业服务化对全球价值链升级的影响。其次，从技术创新效应、产业关联效应、规模经济效应、范围经济效应等方面分析制造业服务化影响全球价值链升级的具体作用机制。最后，依据生产性服务业各行业的功能对制造业服务化的类型进行划分，并细致分析不同类型服务化对全球价值链升级的作用机制。

3.1　制造业服务化对全球价值链升级的作用机理

3.1.1　制造业服务化对全球价值链升级的数理模型

本部分以隆（Long，2001）建立的基于产品内分工的服务业发展与全球价值链升级的理论模型为基础，同时参照国内学者唐海燕、张会清（2009）对模型的发展和完善，结合本书的研究目的构建了一个制造业服务化推动全球价值链升级的数理模型。通过构建模型，探究制造业服务化推动全球价值链升级的一般作用机理。本书对于模型的改进体现在如下几个方面：第一，原模型①分析的是生产性服务业发展对全球价值链升级的影响，但是由于生产性服务业“自增强机制”② 的存在，制造业服务化水平比生产性服务业规模更能反映生产性服务业发展对制造业的推进作用。因此，本书基于该模型分析了制造业服务化对全球价值链升级的作用。第二，原模型中将 B 国服务投入 C－D 生产函数中参数设定为 1/2，本书未对参数的取值进行限制，从而极大增强了结论的一般性。

在一个经济系统中，存在国家 A 和国家 B，其中国家 A 的全球价值链地位高于国家 B。国家 A 和国家 B 通过产品内分工的形式共同生产最终消费产品 D，其中国家 A 负责生产中间产品并出口到国家 B，国家 B 进口中间产品并完成最终消费产品 D 的生产。假设全球价值链的整个链条由［0，1］区间表示，整个价值链的环节 i 与分工区段越靠近 0 则表示分工地位越低，处于价值链的低端环节；分工区段越靠近 1 则表示分工地位越高，处于价值链的高端环节。国家 B 位于全球价值链低端，因而对应的价值链环节为［0，k］。相应地，国家 A 负责的全球价值链环节为［k，1］（$0<k<1$）。随着 k 值的增长，B 国在全球价值链分工的地位不断提升。因此，我们需要进一步探究制造业服务化发展等因素是否能推动 k 值的升高，即处于价值链下游的 B 国通过制造业服务化提升价值链地位。

假定 A 国和 B 国在每一个生产阶段均需要投入一单位普通劳动力 L 和服务要素组合 S。同时，由于全球价值分工地位越高，所需要投入的服务要素量越大，因而假定第 i 个生产环节所需要投入的服务要素量为 bi。因此，根据上述假设，A 国生产产品的成本函数可表示为③：

$$C_A = \int_k^1 (W_A + biP_A)\,di \tag{3.1}$$

① 原模型指唐海燕、张会清（2009）的研究。

② 曾世宏（2011）通过历史梳理和实证分析证实在服务业发展到一定时期后，服务业内部产业关联是驱动服务业发展的主要动力，并将其命名为“自增强机制”。

③ 由于价值链是连续的，因而采用连续积分的方式表示成本函数。以 A 国为例，其离散形式为：$\sum_{i=k}^{1}(W_A + b\bar{i}P_A) = (1-k)W_A + bP_A(1-k)\bar{i} = (1-k)W_A + \frac{1}{2}bP_A(1-k^2)i = \int_k^1(W_A + biP_A)di$。同理，B 国也以类似形式给出。

其中，C_A 表示 A 国的单位生产成本，W_A 和 P_A 分别表示 A 国普通劳动力和服务要素组合的价格，由于每一生产工序只需要一单位普通劳动力，因而所支付的工资即为成本。bi 为 A 国生产一单位产品所需投入的服务要素组合的量，i 表示所处的全球价值链的位置，生产工序所处价值链位置越高，需要服务要素的投入量越大。同时，当制造业和服务业融合水平越高时，服务要素在产品生产中的生产效率越高，因而单位产品生产所需要的服务要素投入越低，即 b 与制造业服务化水平呈反向关系。

同理，B 国生产产品的成本函数为：

$$C_B = \int_0^k (W_B + biP_B)di \tag{3.2}$$

其中，C_B 表示 B 国的单位生产成本，W_B 和 P_B 分别表示 B 国普通劳动力和服务要素组合的价格，i 表示所处的全球价值链的位置，bi 为 B 国生产一单位产品所需投入的服务要素组合的量。

相应地，B 国生产 n 单位产品时所需的普通劳动力和服务要素的需求量分别为 L_B 和 S_B，由于每一生产环节需要一单位普通劳动力和 bi 单位的服务要素投入量，因而，其具体关系式可表示为：

$$L_B = kn^{①} \tag{3.3}$$

$$S_B = n\int_0^k (bk)dk = nbk^2/2 \tag{3.4}$$

除此之外，国家 B 需要投入普通劳动力 L_S 和人力资本 H_S 来生产服务要素，服务要素的生产函数为柯布 - 道格拉斯生产函数，其生产过程受到成本的制约。因而，其生产函数和成本函数如式（3.5）和式（3.6）所示：

$$S_B = aL_S^{\beta}H_S^{1-\beta} \tag{3.5}$$

$$C_S = L_SW_B + H_SW_H \tag{3.6}$$

其中，L_S 表示普通劳动力投入量，H_S 表示人力资本投入量，a 表示服务投入的生产效率，在一定程度上反映出服务化的发展水平。β 表示普

---

① 注意，B 国生产产品，由 k 个生产环节构成。

通劳动力产出的弹性系数，$1-\beta$ 表示人力资本产出的弹性系数，W_B 和 W_H 分别表示单位普通劳动力和人力资本的价格。

B 国服务要素生产部门根据利润最大化的原则，决定服务投入的最优产量和最优定价，在生产成本的约束下，其最优化问题可表示为：

$$\max\ S_B = aL_S^{\beta}H_S^{1-\beta} \tag{3.7}$$

$$\text{S. T. } C_S = L_S W_B + H_S W_H$$

根据最优化的一阶条件可得如下等式关系：

$$\frac{L_S}{H_S} = \frac{W_H(1-\beta)}{\beta W_B} = \eta \tag{3.8}$$

$$S_B = aH\eta^{1-\beta} \tag{3.9}$$

$$P_B = \frac{w_L \eta^{\beta}}{a(1-\beta)} \tag{3.10}$$

其中，S_B 和 P_B 分别表示服务要素的最优产量和最优定价，其他符号含义与前述公式相同。除此之外，由于 B 国实现完全就业，且生产的服务要素全部投入生产，生产的最终产品全部由消费者消费，因而产品市场出清和劳动力完全就业可由如下公式表示：

$$nP = LW_B + H_S W_H \tag{3.11}$$

$$L = L_S + L_B \tag{3.12}$$

其中，P 表示最终消费品 A 的价格，是由两国市场共同决定的，其他符号含义与前述公式相同。根据式（3.3）、式（3.8）和式（3.11）可求出 W_B 的表达式为：

$$W_B = \frac{P(L-\eta H)}{k[L+\eta H\beta/(1-\beta)]} \tag{3.13}$$

在价值链分割点处，国家 A 的企业通过两国生产成本的比较，将分割点以下的环节的生产转移或者外包给国家 B 的制造企业，自身参与价值链分割点以上环节的生产。当 A 国和 B 国分工处于稳定时，在临界生产环节生产单位产品两者具有相同的成本，即：

$$W_B + bkP_B = W_A + bkP_A \tag{3.14}$$

其中，左侧为 B 国生产临界产品的单位成本，右侧表示 A 国生产临界产品的单位成本，具体符号含义与前述公式相同。同时将式（3.9）、式（3.10）、式（3.13）代入式（3.14）进行替代，可得如下公式：

$$\frac{P(1-\eta H)}{k(1+\eta H\beta)/(1-\beta)}\left(\frac{bk\eta^{\beta}}{a(1-\beta)}+1\right)-W_A-bkP_A=0 \quad (3.15)$$

对式（3.15）关于 b 和 a 求偏微分可得如下公式：

$$\frac{\partial k}{\partial b}=-\frac{-k^2(P\eta^{\beta}(L+H\eta)+aP_A(L(\beta-1)-H\eta\beta)k)}{a(P(\beta-1)(L-H\eta)+bP_A(L(\beta-1)-H\eta\beta)k^2)}<0$$

（3.16）

$$\frac{\partial k}{\partial a}=\frac{-k^2bP\eta^{\beta}(L-H\eta)}{a^2(P(\beta-1)(L-H\eta)+bP_A(L(\beta-1)-H\eta\beta)k^2)}>0$$

（3.17）

由于 $0<\beta<1$，且 $L-H\eta=L-L_S=L_B>0$，因而可以看出式（3.16）恒小于零，同时易知式（3.17）恒大于零。从数学含义来看，两式分别表明 k 与 a 存在正向相关关系，k 与 b 存在负向相关关系。从经济学含义来看，作为最终消费品生产的重要中间投入，随着 B 国服务要素生产效率的提升以及服务化水平的提高，B 国所获得全球价值链分工区段［0，k］将会不断提高。由此得证本书的核心命题：价值链低端国家能够通过制造业服务化发展实现全球价值链升级。

3.1.2 制造业服务化对全球价值链升级的具体作用机制

通过构建理论模型论证了制造业服务化对全球价值链升级的正向推进作用，但是制造业服务化对全球价值链升级具体的作用机制有待进一步的深入分析。因此，本部分从产业关联效应、技术创新效应、规模经济效应、范围经济效应、差异化竞争效应、出口效应、成本效应等方面①分析制造业服务化对全球价值链升级的具体作用机制，如图3-1所示。

① 对于具体作用机制选择，本书充分考虑了作用路径的科学性、客观性和创新性。同时，由于制造业服务化在行业层面上表现为生产性服务业的发展以及制造业与生产性服务业的融合，因此在具体作用机制分析中，本书也借鉴了生产性服务业发展影响全球价值链升级的相关研究。

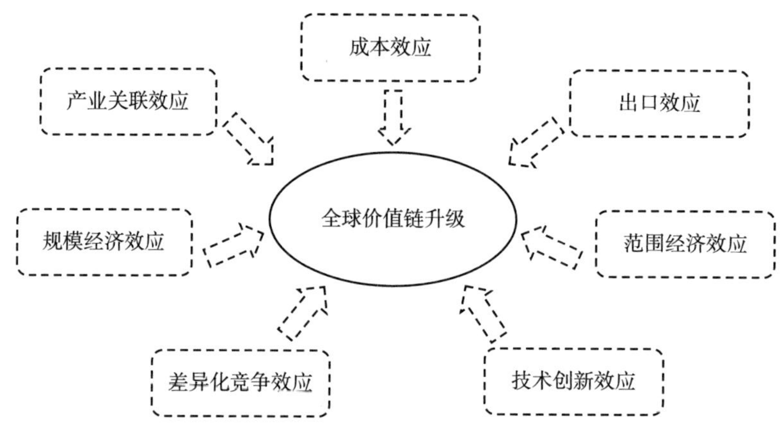

图3-1 制造业服务化影响全球价值链升级的作用机制

资料来源：笔者梳理总结。

3.1.2.1 技术创新效应和产业关联效应

制造业服务化能够通过技术创新效应推动全球价值链升级。制造业服务化发展提高了行业中知识、技术等高级生产要素的投入比重，从而提升了行业的知识密集度以及技术密集度。这种变化满足了生产制造精细化发展对高级生产要素不断提升的需求（戴翔、金碚，2014）①。服务要素作为重要的中间投入，逐步从更广的范围和更深的层次参与到生产制造中。一方面，服务要素投入增多能够丰富行业的知识来源，包括隐性知识和显性知识。隐性知识包括不能够被直接有效表达但对行业发展至关重要的知识，例如组织管理等。隐性知识往往具有较高的共通性，因而服务要素投入的提升能够有效地提升管理组织水平，进而推动行业创新能力的提升。显性知识包括所有能够被有效转移的知识，比如专利等技术成果。服务要素投入的增加能够有效提升技术创新的效率、降低创新成本、缩短创新成果转换的时间以推动行业整体技术水平的提升，进而推动全球分工地位的提升。另一方面，服务要素对技术创新的推动作用还体现在对创新网络的

① 戴翔、金碚（2014）认为技术复杂度高的生产环节所需的要素投入越高级，资产的“专用性”程度越高。

构建上。单纯的硬件已经不能满足消费者对于产品的个性化、多元化需求，基于产品硬件的服务创新成为提升产品竞争力的关键点。相应地，现代意义上的技术创新也不再是简单的技术创新成果，而是由组织管理创新、知识创新等共同组成的综合性创新成果。服务要素投入的增加推动制造企业不断由加工制造环节向研发设计、营销管理等环节扩张，通过服务创新提供更多基于产品硬件的服务，使制造企业转变为面向客户的“产品+服务”的供应商，推动综合性创新成果转化，从而增强自身竞争实力，提高国际分工地位，实现全球价值链攀升。

同时，制造业服务化能够通过产业关联效应推动全球价值链升级。由于产品内分工发展导致的生产碎片化，服务要素对于全球价值链中各环节的发展以及环节之间的衔接发挥着重要作用。一方面，服务要素在不同价值链环节均发挥重要作用。加工制造等层次较低的价值链环节技术含量较低，往往更加依赖无差别的劳动要素投入，因而对服务要素需求较小，服务要素更多地发挥辅助性作用，包括准确、高效地提供技术支持等服务。而层级较高的价值链环节技术含量也较高，对服务要素的需求也较大。服务要素全方位地参与到生产过程中，依靠自身高知识密集度的特征为该环节提供研发设计等多种中间服务，并且能够有效地将在该环节积累的经验和成果推广到较低层次的制造环节从而发挥产业关联效应。另一方面，服务要素有效地提升了各环节的衔接水平，加强各环节的关联度（白清，2015）。服务要素投入的增加实现了制造部门重心由产品生产到产品全生命周期的转变，这使得制造部门能够从整体的视角出发对生产做出统一的布局，进一步优化要素配置以及生产方式，降低生产成本和交易成本，从而增强部门的国际竞争力。

制造业服务化的产业关联效应是技术创新效应得以发挥的关键。技术创新往往最先从技术密集度较高的行业或者环节产生，并随着技术的成熟不断由专用型技术向通用型技术转变，最终表现为推动通用技术的应用和推广，以新一代信息技术的发展为例，制造业服务化的产业关联效应主要体现在实现了大数据、云计算等新一代信息技术与制造技术的深度融合，并将技术的应用从新兴产业部门推广到传统产业部门，推动服务型制造发展，不断提升生产制造部门的附加值水平，从而实现全球价值链升级。

3.1.2.2 规模经济效应和范围经济效应

制造业服务化发展通过规模经济效应推动全球价值链升级。除了上述推动技术进步和生产过程优化等作用，制造业服务化还能通过实现规模经济提升制造业生产能力和服务水平以增强国际竞争力，实现全球价值链升级。服务要素的规模经济效应一方面体现在制造业内部，随着生产技术的不断进步，生产制造过程的复杂度越来越高，制造部门依据自身发展的需求，选择性地将部分具有比较优势的核心服务环节内置，进一步增强该环节的发展水平和竞争实力。随着自身核心服务环节能力的增强，该部门逐步向市场提供服务，由单一的产品制造商转型为专业服务商。制造部门的服务化转型升级充分利用了巨大的需求，产生规模经济效应，将具有高利润的核心服务环节转变为自己的竞争优势，并进一步在市场中扩张，通过服务化发展实现价值链升级。另一方面体现在服务要素通过外部规模经济推动全球价值链升级。制造部门对于非核心服务的外包推动了生产性服务业的发展。这种外包并不是由于制造业部门自身需求量过小而是基于自身比较优势做出的选择，因而导致总体市场需求量巨大。基于制造部门派生的巨大需求，生产性服务业通过规模经济效应不断提升服务中间投入的供给水平、降低服务中间投入的成本。制造部门通过市场采购比过去自身提供的数量更多、成本更低、专业化更强的中间服务投入，从而进一步提升制造部门的运营效率和盈利水平。因此，规模经济效应通过制造部门培育核心竞争优势实现转型发展以及生产性服务业专业化发展两种途径发挥作用，有效地推动全球价值链升级。

同时，制造业服务化能够通过范围经济效应实现全球价值链升级。随着全球经济由“工业经济”向“服务经济”转变，制造企业受限于要素成本提高、环境规制强度增强、需求信息变异放大等，逐步导致制造企业在供应链上的掌控能力和分工地位日益下降，获利空间不断被压缩。通过实行服务化转型战略，制造企业有效地扩大了经营业务的范围，提升了自身的分工地位。一方面，制造企业不断向供应链下游拓展，通过提供产品的销售管理以及售后服务，不断缩短产品供应链的长度。企业改变了过去通过产品分销商、产品零售商等中间商销售产品的模式，而将自身转型为产品直销商，缩短了与客户之间的距离，能够更加准确地了解消费者的需求变化，有效避免了由于销售中间商过多导致的“长鞭效应”①，提高了企业生产决策的准确性，增强了企业对于供应链的控制能力。另一方面，制造企业不断向产品研发、中间品生产等上游供应链上游环节拓展，通过更加积极、更加深入地参与新产品的设计研发提升自身在供应链中的地位。从企业产品的发展趋势来看，产品的创新性和技术复杂度不断增强，对企业的创新能力提出了更高的要求。企业创新能力的提升不仅体现在最终产品的研发，还体现在对于中间品的生产上。通过增加服务要素投入，有助于提高企业内部的人才、技术等要素储备，提升企业的技术创新水平，增强对于新产品的设计研发能力。随着国际分工的深化发展，中间品贸易在国际贸易中所占份额快速增长，因而通过提升中间品的生产能力能够有效提升企业所创造的增加值水平，提升企业的盈利水平，增强和巩固企业对供应链的控制能力以及主导地位。制造业服务化的水平越高，意味着融合发展所产生的范围经济效应越大，进而对于全球价值链升级的推进作用越强。

由此，制造业服务化的规模经济效应一方面通过内部规模经济实现制造部门培育核心竞争优势进而实现转型发展，另一方面通过外部规模经济实现生产性服务业专业化发展，两种途径共同推动全球价值链升级。制造业服务化的范围经济效应主要通过制造部门不断覆盖更多的价值链环节，通过推动融合发展实现全球价值链升级。

3.1.2.3　差异化竞争效应和出口效应

制造业服务化能够通过差异化竞争效应推动全球价值链升级。随着企业生产能力的不断提升，各种消费品市场基本上处于供大于求的状态，属

① 长鞭效应是指产品供应链上的企业按照下级企业提供的错误需求信息进行生产决策，并将错误信息提供给上级企业，最终造成最顶端供应商的生产严重偏离市场中顾客的需求。

于买方市场。消费需求变化逐步成为影响企业升级的重要因素。从过去的经验来看，部分制造企业通过扩大生产规模、引进先进生产线等方式扩大产能，降低产品成本以获取成本竞争优势，部分企业通过研发设计等对产品进行创新，通过先行优势获取竞争优势。然而，随着全球分工深化以及信息化发展，生产制造环节的利润空间已经非常低，企业“山寨”模仿制造的能力不断增强，产品同质化日益突出。因而，只有通过服务化转型，才能够实现产品长久的差异化竞争优势（吴贵生、蔺雷，2011）①。为了满足消费者日益个性化、多样化的产品需求，制造企业一方面通过市场调研、数据分析等服务要素投入对产品市场进行全面分析，量化研究不同国家地区、不同年龄段、不同收入层次消费者的需求，全面了解消费观念、消费模式以及消费业态的转变，通过改进产品的外观、性能等实现产品的多元化。另一方面，制造企业通过将内部的生产性服务与产品进行多样化的组合，例如打造不同的品牌、搭建不同的营销网络、提供不同的售后服务等。这种差异化的组合有效地将服务要素与各种实体产品相结合，最大程度上实现了企业最终产品的差异化，从而提升了制造企业产品的竞争实力，实现全球价值链升级。

同时，制造业服务化能够通过出口效应推动全球价值链升级。企业出口能力的大小在一定程度上反映了企业的竞争实力，企业出口产品的附加值即企业参与国际分工的收益，分工收益越高则表示国际分工地位也越高。制造企业服务化发展的出口效应一方面体现在企业出口产品绝对规模的提升。与国内销售过程相比，企业出口产品往往需要支付更高的成本，包括商品关税、远途运输、出口国市场拓展等诸多成本。这需要企业自身具有较高的生产效率和较低的生产成本。制造企业服务化发展能够有效提升企业的生产效率，从而能够更好地承担在产品出口中增加的成本，积极开拓国际市场，扩大企业出口的规模。同时，企业通过服务化发展增加服务要素的投入能够进一步优化企业内部的资源配置，减少企业库存，提高

① 吴贵生、蔺雷（2011）通过调查问卷的方法对我国制造企业“服务增强”战略的国际竞争力提升效应进行分析，论证了服务差异化竞争效应的存在。

企业资源的配置效率，降低企业产品的价格，从而在产品出口中获得价格优势。制造企业服务化发展的出口效应另一方面体现在企业出口产品质量和产品附加值的提升（刘斌、王乃嘉，2016）①。与国内市场相比，国外市场往往具有更强的差异化需求，为了能够有效提升产品竞争力，企业必须从产品实物本身的质量以及相关服务两个层面提高。人力资本、知识技术等高级服务要素投入能够有效提升企业内部的研发设计能力，资本等服务要素投入能够有效满足企业产品研发以及设备更新所需的资金投入，从而不断提升企业生产制造水平，企业产品的质量品质随之得以提高。同时，企业通过实行差异化的市场策略能够有效提升出口产品的附加值水平。通过市场调研、数据分析等途径全面、深入地了解出口国家市场需求状况，企业以高质量的产品实物为依托，针对不同层次的客户设计多样的、定制的服务，通过品牌建设和完善的服务提升企业出口产品的附加值水平，从而实现全球价值链升级。

制造业服务化的差异化竞争效应和出口效应存在一致性。制造业服务化水平的提升有助于增强产品的差异化程度，增强在国际市场上的竞争力，进而产生出口效应。出口效应进一步体现在产品出口规模扩大、产品出口质量提升以及国际分工收益增长等方面，进而实现全球价值链升级。

3.1.2.4　成本效应

制造业服务化能够通过成本效应影响全球价值链升级。首先，企业服务化转型会导致企业内部管理成本的上升。制造企业服务化发展增加了企业内部的业务类型，提升了企业管理的复杂程度，从而提高了企业的运营成本。由于企业长期从事加工制造环节，长期积累下来的有形资产以及管理经验等无形资产往往具有较强的专用性，并不适应服务业务发展的需求，因而服务业务发展的基础较为薄弱，需要企业长期持续的资本投入以获得服务业发展需要的人力资本等高级生产要素。同时，企业服务化转型

---

① 刘斌、王乃嘉（2016）基于我国企业微观数据研究了制造业服务化对企业出口的影响，结论表明产品质量提升是重要的中间作用路径。

会产生服务部门与制造部门的协调成本。制造企业服务化发展意味着企业的重心将由生产制造业务转变为服务业务，从而导致企业内部的资源和权利由生产制造部门向服务部门转移，由此导致原有资源和利益的所有者和服务化战略的受益者之间产生权利的竞争，产生了大量的“政治成本”（徐振鑫、莫长炜、陈其林，2016）①。为了解决这一内部矛盾，企业需要投入较大的精力，从而导致企业内部成本的上升，运营效率的下降。其次，企业业务转型导致的竞争成本上升。在企业进行服务转型之前，生产性服务企业与制造企业之间已经形成了较为稳定的分工格局。企业服务化发展导致企业从生产制造业务向研发设计、销售管理等服务业务拓展。这导致企业面临着更大的市场竞争压力，包括来自制造企业的竞争压力以及由合作关系转变为竞争关系的服务企业。与制造企业的服务业务仅服务于自身生产的产品不同，服务企业面对的是整个市场，需求规模更大，因而更容易形成规模经济，获得成本优势。与服务化转型的企业需要同时发展产品生产和服务等多个环节相比，服务企业仅仅需要专注于特定的服务业务，因而具有更高的专业化水平，更加容易获得“干中学”产生的技术进步。同时，与制造企业在发展中服务转型相比，服务企业从设立之初就进入了所在的行业，因而具有先发优势，在对于市场的认识以及市场占有量上处于领先。因此，制造企业在服务化转型中能够成功的关键取决于制造企业能够在较短时间内在服务领域实现对服务企业的赶超。最后，制造企业服务化发展面临过度服务化的风险，从而增加企业的运营成本，降低企业的运营效率。企业过度服务化是指企业脱离自身的发展，盲目拓展服务业务，从而超过企业自身的发展水平。过度服务化往往表现为企业将内部资源大量地投入到服务业务经营中，而生产制造业务的投入锐减。服务业务和生产制造业务之间并没有形成良好的互动，协同效应弱化，出现部门之间资源的恶性竞争。同时，过多的服务业务类别降低了企业的专业化程度，不能形成规模经济效应和专业化效应，不断恶化企业的经营，导致企

① 徐振鑫、莫长炜、陈其林（2016）基于2008～2014年我国A股上市制造企业数据的研究发现制造企业的服务化转型中产生了大量的政治成本、竞争成本等。

业的经营风险不断上升，运营效率不断下降。

由此可见，从成本效应来看，制造业服务化对全球价值链升级的作用具有不确定性，在推进制造企业转型升级的同时，也存在恶化制造企业经营状况的风险。制造企业只有依据自身的发展和市场格局，正确选择服务业务，并将服务业务与自身生产制造业务有机结合，才能够增强企业的竞争实力，实现全球价值链升级。

3.2　各类型服务化对全球价值链升级的差异化作用机制

从生产性服务业细分行业来看，不同类型的中间服务投入对制造业实现全球价值链升级的机制存在内部差异。相应地，不同的制造业服务化类型对全球价值链升级的作用机制存在差异。本部分尝试根据生产性服务业细分行业的功能将制造业服务化类型分为流通服务化、商务服务化、金融服务化、科技服务化、信息服务化五类①，然后具体分析不同类型制造业服务化类型对全球价值链升级的主要作用机制。

3.2.1　制造业流通服务化和制造业商务服务化

制造业流通服务化涉及的行业主要包括交通运输及仓储业、批发零售业。从行业功能上来看，交通运输及仓储业负责运输生产制造过程中所涉及的原材料、中间品以及最终产品，批发零售业负责最终产品的销售以及相关的售后服务。从具体作用机制上来看，制造业流通服务化主要通过成本效应和差异化竞争效应推动全球价值链升级。首先，流通服务化发展有

① 刘斌等（2016）以中间投入为视角将制造业服务化类型分为运输服务化、金融服务化、电信服务化、分销服务化，但是在与我国生产性服务业细分行业对应时存在缺失，如研究与试验发展业、综合技术服务业没有对应的类型。因此，本书尝试对制造业服务化的类型进行重新分类，尽可能涵盖全部生产性服务业细分行业。

助于节约产品的运输成本，提升产品的运输效率。在国际产品内分工的格局下，原材料和中间品采购以及产品的运输更加频繁，流通成本成为影响生产制造部门竞争力的重要方面。同时，随着全球市场的一体化发展，规模化、连锁式的产品分销模式对于产品的运输效率提出了更高的要求。制造业流通服务化水平越高，产品越容易获得市场的认可。因此，通过制造业流通服务化转型，可以降低产品生产和销售过程中所涉及的中间商，精简流通环节，提升流通运输效率。制造业流通服务化水平越高，则产品具有更强的成本优势。其次，制造业流通服务化有助于企业适应新型销售模式，提升产品的差异化竞争优势，进而实现价值链升级。随着流通服务模式的不断创新，电子商务、移动电子商务等销售模式逐步成为重要的产品分销形式，平台经济更被视为重要的新兴业态，并将主导销售领域。通过实行制造业流通服务化，有助于拉近制造商与消费者的距离，降低消费者在产品购买过程中产生的搜寻成本等，从而提升产品的差异化竞争优势。通过实施不同的营销方式获取分销环节较高的附加值收益，实现价值链的升级。最后，制造业流通服务化发展有助于优化企业的生产决策和销售管理（宋则、常东亮、丁宁，2010）①。只有企业生产的产品匹配社会对于产品的需求时，企业才得以优化资源配置，提升资源的利用效率，进而才能占据更高的产品市场。因此，对于产品需求信息的获取能力成为制造企业发展的关键。流通服务化的发展有助于精简产品销售过程中涉及的中间商，从而能够获取更加真实的消费需求信息，由此制定更加合理的生产计划，并采取更加精细化的产品营销管理，从而充分发挥差异化竞争效应和成本效应。

制造业商务服务化涉及的行业主要包括租赁与商务服务业。从行业功能上来看，法律服务、市场调研、会议展览、咨询服务等商务服务业为制造部门提供必要的中间投入，具有高知识密集度、强增长性等特征，有效提升了制造部门运营效率和附加值水平。从具体作用机制上来看，制造业

① 宋则、常东亮、丁宁（2010）认为流通业影响制造业升级的基础性功能是传递市场信号，本书中将消费者需求信息作为一种市场信号进行分析。

商务服务化同样主要通过成本效应和差异化竞争影响全球价值链升级。一方面，商务服务化能够有效提升制造部门的运行效率，降低运营成本。由于制造部门迂回生产程度不断提升，派生了大量商务服务要素。同时，由于市场竞争日益激烈，对制造部门服务要素投入的专业化程度和技术含量提出了更高的要求。制造部门产品中服务要素的多少已经逐步成为决定产品层次和质量的重要因素。商务服务要素往往具有高附加值、高知识密集度、高技术密集度等特性。商务服务化发展能够有效提升制造部门产品附加值的水平。商务要素供给水平的高低将直接决定制造部门的竞争实力。高质量的商务服务要素投入能够有效支撑制造部门的迂回生产，降低制造部门各环节的交易成本，从而有效提升制造部门的竞争实力，实现全球价值链升级。另一方面，商务服务化发展有助于推动产品销售模式创新，进而提升产品的差异化竞争优势。随着制造企业生产能力的提升，产品市场由“卖方市场”向“买方市场”转变，如何提升产品的差异化竞争优势成为制造企业发展战略的核心。市场调研等商务服务化发展有助于制造企业获取更加准确的消费需求信息，进而制定合理的产品生产计划和销售计划。会议展览等形式能够有效制造企业销售模式的创新，推动制造业企业向价值链两端延伸，增强产品的竞争优势。因此，通过制造业商务服务化发展能够实现全球价值链的升级。

总体来看，虽然在生产性服务业细分行业功能上存在差异，制造业流通服务化和制造业商务服务化都主要通过差异化竞争效应和成本效应影响全球价值链升级。

3.2.2　制造业金融服务化和制造业科技服务化

制造业金融服务化涉及的行业主要包括金融业。从行业功能上来看，金融业负责为生产制造过程提供资本，并对企业运营提供风险管控服务。金融服务化是影响制造业价值链升级的重要类型。从具体作用机制来看，制造业金融服务化主要通过技术创新效应和产业关联效应推动全球价值链升级。首先，制造业金融服务化能够通过扩大金融资本的总体供给规模，发挥技术创新效应。国家层面的全球价值链升级依赖于众多制造企业的转型升级，而在制造企业的转型升级过程中需要足够的资本支持。金融服务化的发展能够有效提升资本的供给规模，进而有效降低制造企业面临的融资成本和交易成本，使企业能够投入更多的资金进行技术创新，进而推动企业的发展。其次，制造业金融服务化能够通过优化金融资本的供给结构，发挥技术创新效应。金融服务化有助于准确判断不同生产环节的投资风险和收益状况，进而对各环节提供不同的资本供给，推动部门技术创新水平的提高（齐俊妍、王永进、施炳展、盛丹，2011）①。不同类型的金融机构对于风险偏好不同，因而不健全的金融体制往往会制约部门进行技术创新。生产制造环节风险较低但是附加值也较低，研发设计等环节往往具有较高的风险，但是也伴随着较高的收益，因此金融服务化发展通过精准的风险匹配，有助于部门确定研发设计环节的投资份额，为该环节提供充足的资金支持，从而实现制造业向高附加值环节转型升级。最后，制造业金融服务化能够推动产融结合发展，发挥产业关联效应。在制造业金融服务化的过程中，产业实体与金融资本之间形成了深度融合，推动企业各业务环节协同水平的提升，由此加强了各环节的关联水平。关联效应进一步通过“干中学”、溢出效应等途径提升制造环节人力资本等要素的水平，推动新技术在不同的环节间扩散，提高企业产品复杂度，进而实现全球价值链升级。

制造业科技服务化涉及的行业主要包括研究与试验发展业、综合技术服务业。从行业功能上来看，研究与试验发展业、综合技术服务业为制造部门提供待转化的科技成果，同时共同构建协同创新网络。从具体作用机制上来看，制造业科技服务化主要通过技术创新效应推动全球价值链升级。一方面，制造业科技服务化能够提升制造企业技术创新能力。随着产品复杂度的不断提升，制造业生产技术的进步呈现出综合性特征，制造部门自身已经难以实现技术创新，需要依赖科技服务部门与制造企业的协

---

① 齐俊妍、王永进、施炳展、盛丹（2011）认为金融发展能够通过解决逆向选择问题等路径实现出口技术复杂度的提升，本书将该结论在全球价值链升级的框架下进行阐述。

作。制造业部门通过积极利用和把握各类优质外部资源，直接引入外部创新成果，或加快企业创新速度，从而提升制造部门竞争力。同时，制造业服务化实现了高校、科研院所等致力于基础知识生产的部门与知识商业化能力强的制造企业的互动，实现产学研一体化发展，从而提升制造部门的技术创新能力，实现全球价值链升级。另一方面，制造业科技服务化发展有助于构建协同网络，推动技术扩散。技术进步在各个行业和地区间的发展和应用并不是同步的，往往以专用技术的形式出现在发达地区的特定行业。随着技术的不断成熟，部分专用技术逐步发展为通用技术，并逐步由发达地区向其他地区扩散。由于行业竞争日益激烈，市场对技术创新在速度、广度等方面提出更高的要求。通过制造业服务化发展能够有效降低技术扩散过程中所产生的成本，提升技术扩散的效率，进而推动了制造业部门的技术进步，充分发挥技术创新效应，推动全球价值链升级。

总体来看，制造业金融服务化和制造业科技服务化主要通过技术创新效应推动全球价值链升级，同时还通过产业关联效应推动新技术在行业间的扩散，进一步增强技术创新效应。

3.2.3　制造业信息服务化

制造业信息服务化涉及的行业包括信息传输、计算机服务和软件业。从行业功能上来看，信息传输、计算机服务和软件业为企业运行提供信息技术支持，实现制造业的信息化发展。从具体作用机制来看，制造业信息服务化对全球价值链升级的作用机制是多重的，主要包括成本效应、技术创新效应、规模经济效应、范围经济效应等。首先，制造业信息服务化有助于提升信息传递效率，发挥成本效应。从制造企业内部来看，信息的传输成本与产品的运输成本是企业成本的重要组成部分。随着信息通信技术的发展和应用，信息实现了数字化收集、存储以及传输。信息服务化可能会在初期由于大量的前期投入恶化制造企业的财务状况，但是从长期来看，制造业信息服务化能够有效提升信息收集、存储及传输的效率，降低制造部门的信息交流成本，精简重复性的环节，不断优化制造业内部的管理流程，降低企业的运行成本，从而提升制造企业的竞争实力。其次，制造业信息服务化有助于提升技术创新水平，发挥技术创新效应。作为一种通用技术，信息通信技术已经广泛应用于价值链的各个环节，成为制造企业转型成功的关键。信息服务化发展有助于制造企业获取客户需求等外部信息，深入挖掘客户多样化、个性化的需求，增强制造企业与消费者的联系，提高产品创新的成功率，从而提升制造企业的竞争力。同时，电子商务等新型销售模式均基于信息通信技术的应用。因此，信息服务化有助于推动制造企业营销模式的创新，进而提升制造企业的竞争实力。最后，制造业信息服务化有助于改善要素投入结构，发挥规模经济效应和范围经济效应。规模经济效应的发挥依赖于制造企业规模的扩张，范围经济效应的发挥依赖于制造企业产品的层次化以及制造企业业务的多元化。信息技术服务化能够有效提升知识等要素在企业内部的比率，一方面通过推动企业产品生产规模扩张及服务能力提升，实现规模经济效应；另一方面通过提升企业生产系统的转换效率，提供多样化的产品生产及服务，进而实现范围经济效应，最终推动制造企业全球价值链升级。

由此，作为制造业服务化发展的关键技术，信息通信技术在制造企业实现全球价值链升级中发挥作用。相应地，制造业信息服务化对全球价值链升级的作用机制是多重的，体现在成本效应、技术创新效应、规模经济效应、范围经济效应等诸多方面。

3.3 本章小结

随着全球经济不断由“工业经济”转型为“服务经济”，国际分工不断深化，推动制造业服务化已成为一国实现全球价值链升级的重要选择。为了充分认识制造业服务化对全球价值链升级的作用机制，本章按照数理推导与理论演绎、总体分析与分类分析相结合的逻辑，首先就制造业服务化对全球价值链升级的作用进行数理论证，其次对制造业服务化推动全球价值链升级的具体作用机制进行研究，最后对各种类型服务化对全球价值链升级的差异化影响机制进行分析。本章具体内容总结如下。

第一，数理模型推导表明价值链低端的国家能够通过制造业服务化实现全球价值链升级。模型以隆（Long，2001）等建立和发展的国际产品内分工模型为基础，将制造业服务化与全球价值链升级纳入统一的分析框架。当两国在全球价值链分工形成均衡状态时，两个国家在临界环节生产单位产品的成本相同。通过求解均衡状态下价值链低端国家服务投入的最优生产发现，衡量低端国家全球价值链地位的参数 i 与衡量低端国家制造业服务化水平的正向指标存在正向相关关系，与衡量低端国家制造业服务化水平的逆向指标存在负向相关关系，由此得证制造业服务化对全球价值链升级的正向作用。

第二，制造业服务化主要通过产业关联效应、规模经济效应、技术创新效应、差异化竞争效应、出口效应、范围经济效应、成本效应等方面影响全球价值链升级。分析发现除成本效应以外，制造业服务化能够通过相应作用机制正向推动全球价值链升级。从成本效应来看，制造业服务化在短期内可能会恶化企业的财务状况导致制造企业转型失败。但是从长期来看，制造业服务化能够降低制造企业运营成本，提升企业国际竞争水平，实现全球价值链升级。

第三，各类型制造业服务化对全球价值链升级存在差异化作用机制。依照生产性服务业细分行业将制造业服务化分为流通服务化、商务服务化、金融服务化、科技服务化、信息服务化五类。分析认为，制造业流通服务化和制造业商务服务化主要通过差异化竞争效应和成本效应影响全球价值链升级。制造业金融服务化和制造业科技服务化主要通过技术创新效应推动全球价值链升级，并通过产业关联效应推动新技术在行业间的扩散，进一步增强技术创新效应。制造业信息服务化对全球价值链升级的作用机制是多重的，体现在成本效应、技术创新效应、规模经济效应、范围经济效应等诸多方面。

第4章　制造业服务化推动全球价值链升级的历史考察

本章主要对制造业服务化如何推动全球价值链升级进行了历史考察。4.1节和4.2节分别对制造业服务化和全球价值链的演进机制及阶段划分进行了梳理。4.3节按照划分的阶段，从制造业服务化的类型以及具体作用机制分析了各阶段制造业服务化如何推动全球价值链升级。

4.1　制造业服务化演进的驱动机制及阶段划分

4.1.1　制造业服务化演进的驱动机制

制造业服务化是多重动力共同作用的结果。随着生产技术进步、产业链重心的变化、消费需求多样化、环境及要素成本上升等企业发展外部环境发生变化，在追求更高的利润收益等动力的驱使下，企业不断推进制造业服务化（见图4－1）。①

① 简兆权、伍卓深（2011）认为制造企业进行服务化转型的根本原因在于企业外部生存环境的变化，并从消费者需求变化以及国际分工变化等几个方面进行了论述。

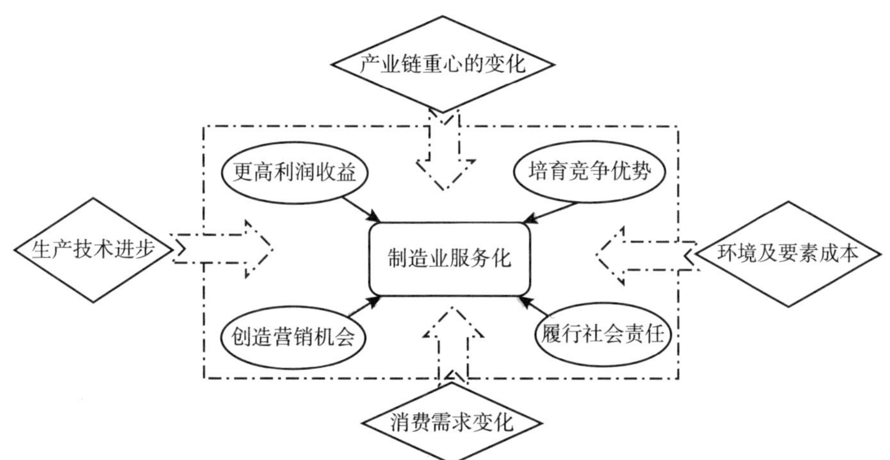

图 4－1　制造业服务化演进的驱动机制

资料来源：笔者梳理总结。

第一，技术进步提升生产制造环节的可分离性，强化了生产性服务的作用。一方面，技术进步影响生产制造方式体现在改变了商品自身的组成。生产工艺的进步推动了生产零部件的标准化生产，使产品生产中的不同环节可以在不同的空间进行。随着生产技术的进步，标准化生产不断完善，各个生产工序能够在不同国家实现，从而细化了国际分工。国际分工的细化对生产性服务提出了更高的要求，生产性服务业的发展是国际分工实现的必要条件。例如，基于现代交通运输工具的物流业实现了中间品在各个国家间的转移，极大地降低了运输成本。基于现代信息技术的商务服务业催生了电子化的国际贸易方式，实现了贸易数据的高效传输和处理，极大地提升了交易的效率（白清，2015）①。生产性服务业在全球化生产中发挥着日益重要的作用。另一方面，生产材料、动力能源以及生产技术的融合推动了生产设备的革新，提升了设备的技术含量和操作难度。设备购买方只有经过生产商的指导才能够有效地将新型生产设备应用到实际生产中。因此，设备生产厂商不仅需要为购买方提供高质量的产品，还需要

① 白清（2015）分析认为电子通信技术的发展有效提升了中间服务的传输效率，突破了地域限制，从而极大地推动了全球服务外包的发展。

提供操作人员培训、设备维护和检查等服务。这些服务内容与产品质量一样成为消费者重点考虑的内容。设备生产厂商将不断地提升自身的售后服务能力，不断拓展生产性服务业务，制造业呈现服务化发展趋势。

第二，产业价值链重心的变化。在早期产业间分工中，某一产业中具体企业负责该行业产品生产的整个链条，包括产品的研发设计、生产制造以及销售服务等各类生产活动和服务活动。随着分工的深化，企业选择产业链中特定的环节和活动并投入全部的要素致力于培育核心竞争优势。从产业价值链的各环节变化来看，制造业价值链的细化和延伸导致服务活动进一步增加，部分企业积极开展服务业务以增加企业的利润。随着制造业规模的持续扩大和服务活动效率的提升，出现了大量专门从事服务活动的生产性服务企业。这些企业服务于生产制造企业，但是已经成为产业链条中的独立个体，并成为制造业产品附加值的重要来源。制造业与生产性服务业间相辅相成，共同发展。制造业发展水平越高，派生出的生产性服务需求也越高，进而推动生产性服务业的发展。同时，随着生产性服务业对于制造业的渗透水平的提高，生产性服务活动在产品生产中的重要性逐步增强。特别是在标准化生产制造导致的产品同质化影响下，为了提升产品的异质性水平，获取更高的利润，生产性服务活动在产业链中的重要性进一步增强。① 服务活动逐步成为企业附加值最重要的来源。因而，纵观整个产业链演进的过程，服务活动从无到有、从辅助性环节到决定性环节，附加值从低到高的转变导致了制造业服务化的发展。

第三，消费需求的变化提升了服务在产品竞争力中的重要性。在早期的市场竞争中，消费者对于产品的需求仅仅是产品本身，品质越高、价格越低的产品具有更强的市场竞争力。因此，制造企业致力于扩大产品生产规模，引进新的生产设备等，通过规模经济等效应实现产品生产效率的提升以及产品生产成本的下降，从而通过降低销售价格等方式获取更大的产品市场。相应地，企业对于产品销售、研发等服务活动的投入较少，企业

① 简兆权、伍卓深（2011）认为产业链附加值的重心不断向产业链两端转移，这是推动制造业服务化最重要的外部因素。

大部分资源投入到生产活动中。制造活动是企业产品附加值的主要来源。而随着生产技术的进步，企业的生产能力大幅提升，产品市场由卖方市场转变为买方市场，消费者对于产品的需求呈现多样化，不仅包括产品本身，还包括依托于产品的个性化服务。研发设计、销售服务等服务活动能够有效提升产品的个性化水平，同时不易被企业模仿，有助于企业产品竞争力的提升。因此，企业加强对产品的研发设计、销售服务等环节的资源投入，通过服务化发展提升产品的差异化水平，获取持续的竞争优势。① 由此，在消费者多样化需求的影响下，服务活动由产品生产的辅助活动成为产品竞争力的重要组成部分。相应地，制造企业不断提升服务化发展水平。

第四，要素成本及环境规制水平的提升推动服务化转型。与服务活动相比，产品的生产活动需要更多的自然资源投入，生产活动的过度发展会导致严重的环境问题和资源危机。在要素成本提升以及环境规制水平提高的双重挤压下，生产活动的附加值水平进一步降低。而服务活动往往属于资本密集型和技术密集型，所需的自然资源投入水平较低，产生的环境污染问题也较小，但是仍具有附加值水平。因此，发达国家的制造企业率先进行服务化转型，通过将加工制造环节转移到劳动力成本低、环境规制弱的发展中国家，企业自身专注于环境友好性强、附加值水平高的服务环节，实现投入服务化发展。同时，在产品的产出组成中，发达国家制造企业致力于产出服务化发展，通过完善的产品生命周期服务降低产品使用中对于环境的污染。随着新兴市场国家的发展，要素成本和环境规制水平不断提升，这些国家的制造企业也逐步推动服务化发展，将高污染、低附加值的加工制造环节转移到要素成本和环境规制水平更低的国家，自身致力于产品研发设计、销售管理等服务环节的发展，推动服务化转型。② 这种产业的梯度转移最终会由于生产技术进步导致的智能化、绿色化生产制造而终结。由此可见，

① 高文群（2014）对制造业服务化的动力机制进行了分析，研究认为消费者对于服务化产品的需求是推动制造业服务化发展的重要外在因素。

② 程中华、李廉水、刘军（2017）以我国2003～2014年城市层面数据分析了环境规制对产业结构升级的作用，结论表明发达城市环境规制水平能够显著推动生产性服务业的发展，并将高污染产业转移到欠发达城市。

要素成本的提升和环境规制水平的提高能够有效推动服务化发展。

4.1.2 制造业服务化演进的阶段划分

从全球经济的发展历程来看，人类社会共经历了四次工业革命，如表4-1所示。工业革命是推动社会生产和生活变革的重要力量，能够引起生产技术进步、产业链重心变化、消费需求变化、环境压力及要素需求结构变化等。在前三次工业革命作用下，制造业与生产服务业间经历了未融合、初步融合、高速融合三个阶段，共同组成了制造业服务化的演进历程。①

表4-1 历次工业革命划分

名称	起始时间	划分依据
第一次工业革命	18世纪60年代至19世纪中期	以蒸汽机的发明及广泛应用为标志，机器大工业生产逐步成为主要制造方式
第二次工业革命	19世纪下半叶至20世纪中期	电力取代蒸汽成为主要的动力能源，以内燃机的发明及其在交通运输、工业生产中的应用为标志
第三次工业革命	20世纪下半叶至21世纪初	以电子计算机等信息设备、空间技术等科技进步为标志，数字化标准生产成为主流的生产方式
第四次工业革命（新工业革命）	2008年起	以大数据、物联网、云计算、人工智能等新一代信息技术的创新和应用为标志，以制造业的数字化、智能化、网络化为核心

注：本书对前三次工业革命的划分参照了金碚（2015）的研究，同时对第四次工业革命进行了界定。

资料来源：笔者梳理总结。

第一次工业革命发生在18世纪60年代至19世纪中期，以蒸汽机的发明及广泛应用为标志，机器大工业生产逐步成为主要制造方式。从生产技术

① 王玉辉、原毅军（2016）对服务型制造的起源及发展进行了分析，将制造业与服务业关系的演进历程分为融合前、初步融合、高速融合、深度融合四个阶段。与之相对应，本书对制造业服务化的起源及发展进行分析，其中本章主要分析前三个阶段，第六章对制造业服务化发展的第四个阶段进行前瞻性分析。

进步来看，机器的大规模应用提高了企业的生产能力，企业不断开拓国际市场。交通运输等逐步从制造企业内部分离，独立发展，为企业提供专业服务，生产性服务部门得以初步发展。从消费需求变化来看，居民收入水平逐步提升，对于工业产品的需求量不断提升，对产品品质的要求逐步提高，因而企业仍致力于提升生产能力和高质量产品的研发，出现了制造部门和服务部门空间上的分离。从产业链重心变化来看，制造业的生产效率大幅提升，而服务业生产效率增幅较小，产业链重心在制造业。从环境压力和要素需求结构来看，机器大规模生产在推动产能提升的同时严重破坏了工业国家的环境。政府尝试通过制定较为严格的环境保护法等提升企业的社会责任感。为规避国内的环境规制，部分企业纷纷在殖民地投资建厂，由此导致了服务部门和生产部门在空间上的分离，生产性服务部门得以独立发展。

第二次工业革命发生在 19 世纪下半叶至 20 世纪中期，电力取代蒸汽成为主要的动力能源，以内燃机的发明及其在交通运输、工业生产中的应用为标志。从生产技术进步来看，电力、内燃机等新生产动力的出现推动了重工业行业的发展，制造企业日益增长的需求规模和日益多样化的需求种类使生产性服务业迅速发展，同时生产性服务业的扩张也进一步推动了制造业的繁荣，两者交叉互动。从消费者需求变化来看，产品市场进一步丰富，居民对于汽车等新产品的需求激增，如何提升生产能力以满足巨大的市场需求成为企业成败的关键。市场调研、销售服务等环节对于提升企业竞争力的作用不断增强。企业为增强竞争力往往寻求更加专业的外部服务，从而推动了生产性服务业的发展。从产业链重心来看，制造业与生产性服务业间的效率差距较大，学界甚至用“成本病”来形容服务业发展导致经济发展减缓的现象。[①] 生产性服务业主要嵌入制造业产业链的非核心环节，产业链中核心环节的服务往往仍由企业自身提供。从环境压力和要素成本变化来看，随着汽车等新型交通工具的普及，环境压力仍然较大。同时，随着工人阶级的觉醒，工人们对生存环境以及工作条件的要求越来越高，国内劳动力成本越来

① 鲍莫尔（Baumol，1966）通过两部门宏观经济增长模型进行分析认为，制造部门生产率的快速提升导致服务部门的相对成本大幅上升。

越高（刘书林，2016）。企业为降低成本，逐步将服务性的非核心业务外包以降低运营成本。制造业服务化进入制造业与生产性服务业初步融合阶段。

第三次工业革命发生在20世纪下半叶至21世纪初，以信息技术、空间技术、原子能等科技进步及电子计算机的发明为标志，数字化、标准化的生产成为主流生产方式。从生产技术进步来看，信息技术等推动生产自动化、数字化发展，高新技术产业逐步兴起。生产性服务业呈现高端化发展趋势，逐步嵌入制造业产业链的核心环节，涌现了信息服务、技术服务等新兴领域。同时，生产性服务业由过去主要服务于技术密集型制造业，逐步向资本密集型服务业、劳动密集型服务业拓展，不断改造提升制造业，逐步成为经济的主导。从消费需求变化来看，消费者需求呈现多样化、个性化趋势，享受型消费成为主流的消费模式。“以顾客为中心”成为众多企业经营的理念，通过提供“产品＋服务”的一体化服务，企业不断提升自身的竞争优势。从产业链重心变化来看，随着信息技术的发展，服务业与制造业之间的效率差异发生转变。信息技术极大地提升了生产性服务业的效率水平，产业链的重心逐步由制造业向生产性服务业转移。依托这种技术优势，发达国家通过推动制造业服务化发展，大力发展研发设计、营销服务等环节，不断提升其在全球分工中的收益。从环境压力和要素需求来看，生产性服务环节转变为资本密集型环节、技术密集型环节，加工制造环节多为劳动密集型环节。发达国家通过生产性服务业主导全球生产，将生产制造环节逐步转移到环境规制强度低、劳动力成本低的国家。制造业服务化进入制造业与生产性服务业快速融合阶段，见表4－2。

表4－2　制造业服务化的演进阶段划分

演进阶段	工业革命阶段	阶段发展特征
未融合	第一次工业革命	生产服务部门从制造业内部分离后独立发展；制造业占主导
初步融合	第二次工业革命	生产性服务业嵌入制造业非核心环节；制造业仍占主导，生产性服务业地位提升，两者互动共生
高速融合	第三次工业革命	生产性服务业嵌入制造业核心环节，呈现高端化发展；生产性服务业占主导，两者深度融合

资料来源：笔者梳理总结。

4.2　全球价值链演进的驱动机制及阶段划分

4.2.1　全球价值链演进的驱动机制

全球价值链是国际分工演进的一种形式。[①] 全球价值链从无到有、由小到大的过程实际是国际分工的演进过程。国际分工演进是多重动力共同作用的结果。部分驱动力发挥着基础性、决定性的作用，部分驱动力影响演进的规模和速度等。本部分选取生产制造模式及组织方式变革、主要国家竞争政策变化以及跨国公司发展三个主要驱动力进行分析（见图 4－2）。[②]

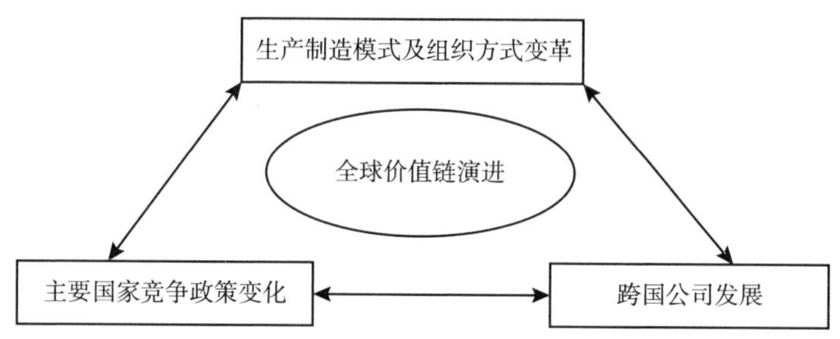

图 4－2　全球价值链演进的驱动机制

资料来源：笔者梳理总结。

第一，技术进步推动生产制造模式及组织方式的变革，进而推动全球价值链演进。技术创新及应用通过改造提升产品的生产制造模式，不断提

---

① 从既有研究来看，对于国际分工的演进历程一般归纳为由产业间分工到产品间分工再到产品内分工，其中产品内分工对应全球价值链。本书为了表述方便，将产品内分工称为全球价值链，并在国际分工的大框架下对全球价值链从无到有并不断发展的演进历程进行分析。

② 杨文武、罗文宝（2016）从科技革命的更迭、攫取手段方式的变化、跨国公司的广泛参与三个方面体现的国际分工体系的演进历程进行了分析，本书借鉴该思路对全球价值链的产生及发展历程进行分析。

高产品生产的能力和效率，为国际分工提供了充分的财富和物质基础。正是基于这种生产能力的进步才使产品生产国需要国际市场的扩张，出现了国家之间产品的交易，推动了国际分工的产生。然而，技术变革在不同的国家之间的发展状况并不是同步进行的，部分国家依靠既有的在生产技术上的领先地位，率先推动技术的变革，在新技术的研发及应用方面继续保持占据优势，从而继续领导国际分工。其他国家只能依靠承接产业转移等产生的技术扩散等路径实现生产技术的革新。这种国家间生产技术水平间的差距导致各国在产业间、产业内各产品间以及产品内各环节之间出现比较优势的差异，从而进一步深化了国际分工。在整个技术变革周期中，技术进步并不是持续不断地发展的，而是呈现螺旋式上升的态势。这种技术变革的路径为落后国家通过提高自主技术创新能力实现国际分工地位的跃升提供了机遇。同时，技术变革对于产业链的各个环节的作用也存在差异。部分技术变革最先并且主要作用于生产制造环节，极大地提升了产品制造的能力，然后逐步扩张到其他环节。而信息技术等则对研发设计、营销管理等环节效率的提升具有更强的推动作用。这种生产效率提升的差异导致了产业链中各环节附加值的变化，进而推动国际分工体系进一步演进。

第二，国际分工主导国家不断变化竞争方式以获取更高的分工收益，进而推动全球价值链重构。国家竞争方式主要包括殖民统治、贸易政策以及发展战略等。在早期产业间的分工格局下，英国等率先实现工业化的国家与其他国家之间形成了现代工业与农业的分工，为了维持并巩固这种分工格局，英国与其他工业国家之间奉行自由贸易主义，不断扩大自身工业产品的市场。[①] 英国对其他农业国家推行殖民统治，掠夺当地的原材料，通过军事侵略等暴力手段强行销售工业产品，从而推动了全球产业间国际分工格局的形成和发展。美国、德国等国家实现工业化后，积极推动国际分工格局的变革以获取更高的分工收益。在工业国家等相似经济体之间逐渐形成了产品间的分工。与过去殖民侵略等野蛮竞争方式不同，美国等国

① 当时荷兰、西班牙等欧洲主要国家奉行重商主义，认为贸易顺差是增强国力的根本，因而实行贸易垄断政策。

家通过推进世界贸易组织建设以及自由贸易协定的制定等方式不断提升自身在国际分工中的话语权，成为新的国际分工格局构建的主导者。国际分工收益逐步由英法等老牌资本主义国家向美德日等新兴资本主义国家转移。随着大规模标准化生产以及信息技术的推广应用，研发设计、营销管理等高技术密集度环节具有较高的附加值，而生产制造等劳动密集型环节具有较低的附加值。因此，发达国家依托自身在技术变革中的领先优势，纷纷推行“归核化”发展战略，将产品的生产制造环节转移到发展中国家，推动了产品内分工格局的形成。同时，发达国家通过建设更高开放水平的自由贸易区推动区域市场乃至全球市场的一体化从而获取更高的国际分工收益。由此可见，主导国家通过亲自参与国际竞争方式的变化推动国际分工演进，推动全球价值链的发展。

第三，跨国公司的兴起及发展进一步深化国际分工，推动全球价值链重构。跨国公司的发展进一步丰富了国际分工的实现方式。在国际分工发展早期，为加强对殖民地的掠夺，殖民国家纷纷设立特许公司从事国际性的贸易活动，通过推动国际贸易发展实现国际性的分工。随着主要资本主义国家陆续完成资本积累，资本输出成为发达国家推动国际分工的新形式。由早期特许公司发展演变而来的跨国公司成为跨国投资的主体，通过兼并、收购等扩张手段，推动了国际分工体系的形成（杨国亮，2014）。在跨国公司的主导下，国际贸易与跨国投资之间形成了相辅相成、相互促进的格局。一方面，跨国公司通过并购、对外投资等形式不断扩大公司内部的生产体系，通过减少贸易摩擦等交易成本推动公司贸易的发展从而进一步壮大国际贸易。另一方面，跨国公司国际贸易的发展实现了资本、人才等生产要素在全球繁荣快速的流动，从而进一步推动跨国公司直接投资的发展。两者形成的互通模式推进国际分工的演进。在产品内分工格局的形成过程中，跨国公司的主体地位进一步提升。基于信息技术及生产制造领域技术的应用，跨国公司实现了对研发设计、生产制造、营销管理等整个产业链条的解构。基于降低运营成本、提升盈利水平的目的，跨国公司通过对利润价值高、战略地位高的链条环节的垄断，对利润价值低、战略地位低的环节进行外包等形式不断延长产业链条，实现对国际分工体系的控制。在跨国公司的推动下，国际市场规模的扩大与国际分工的深化相互促进。与发达国家竞争战略的调整相一致，作为微观主体的跨国公司同样依据发展形势的变化不断调整自身的发展战略，进一步巩固和增强自身在国际分工体系中的领先地位。作为国际分工的微观基础，跨国公司通过自身的发展作用于国际分工体系的形成与演进，推动全球价值链的发展。

4.2.2 全球价值链演进的阶段划分

生产制造方式的变革是推动国际分工演进最根本的因素，而每一次生产制造方式的变革都是工业革命带来的。因此，每一次工业革命都对应着一种国际分工形式从产生到发展再到被替代的过程。按照该逻辑，本部分按照历次工业革命对全球价值链的演进历程进行划分。① 具体划分如表4-3所示。

表4-3　全球价值链的演进阶段划分

演进阶段		工业革命阶段	阶段发展特征
全球价值链出现前	产业间分工	第一次工业革命	先进工业国与落后农业国之间的产业间国际分工体系
	产品间分工	第二次工业革命	主要工业国家产品间的国际分工格局
全球价值链	产品内分工	第三次工业革命	全球范围内形成的“微笑曲线型”全球价值链

资料来源：笔者梳理总结。

第一次工业革命推动英国工厂手工业的机械化发展，英国率先进入了机器大工业生产时代，实现了由农业国向工业国的转变。在利润驱使下英国开始逐步开拓国际市场，从而获取更多的生产原料和更大的销售市场。英国国内生产的产品很大比例上用于满足其他国家对于工业制成品的需求，这种专业化的生产活动标志着国际分工体系的出现。为了进一步巩固

① 历次工业革命的划分参见表4-1。

在国际分工体系中的主导地位，英国实施了多种竞争政策。从贸易政策来看，英国逐渐摒弃重商主义，积极推行自由贸易主义。从殖民统治政策来看，英国通过发动军事战争强迫亚非拉国家开放国内市场，越来越多的国家融入全球分工当中，国际分工体系不断壮大。同时，英国还在殖民地设立了特许公司以维持对这些国家的掠夺性的、不平等的贸易。由此形成了先进工业国与落后农业国之间的产业间国际分工体系。

第二次工业革命中电力取代蒸汽成为主要的工业动力。同时，电话、电报等通信手段的发明以及在全球范围内的应用为国际分工体系的扩张提供了条件，在一定程度上解除了全球信息沟通的限制。美国、德国等国家通过推动电气能源发展相继实现了工业化，对英国在全球工业领域的领先地位发起挑战。为了提升在国际分工体系中的地位，从贸易政策来看，在国内工业化水平较低的阶段，美国、德国实行高关税、高财政补贴等严格的贸易保护主义，提升国内的生产率水平，实现电气工业化发展。从军事策略来看，德国先后发动两次世界大战，旨在对全球殖民体系进行重新划分，从而获取更大的工业产品销售市场和原材料产地。① 在残酷的殖民统治下，众多亚非拉国家仍未能把握第二次工业革命发展的契机实现工业化发展，在国际分工体系中进一步被边缘化。跨国公司逐步兴起，在推动国际贸易发展的同时，进一步丰富了国际分工的形式。跨国公司主导的国际直接投资出现，成为国际贸易之外推动国际分工体系发展的又一途径。主要工业国家为充分发挥规模经济效应，形成了产品间的国际分工格局。

第三次工业革命下数字化生产成为主流的生产方式，工业发展呈现高级化、复杂化、高度自动化趋势。全球生产规模以及产品的多样性大幅提升，商品及要素的运输成本不断降低，为国际分工环节的进一步深入分解提供了基础。国际分工的深化表现为产业链条不断被拉长和分解，以价值链为基础的同一产品在不同供需之间的分工逐步取代产业内分工成为国际分工的主要形式。从主导国家的竞争战略来看，在美国等国家主导下先后成立了世界贸

---

① 杨文武、罗文宝（2016）认为第二次世界大战是主要国家竞争方式转变的节点，由“野蛮性”竞争向“文明性”竞争转变。

易组织、国际货币基金组织、世界银行等国际性组织，制定了关税与贸易总协定、北美自由贸易协定等国际性、区域性贸易协定。跨国公司进一步推动了产品内国际分工的发展。跨国公司将整个产业链条进行分解后在全世界范围内进行布局，将技术密集度低、利润率低、环境污染严重的环节外包给其他国家的企业以降低成本，自身通过垄断技术密集度高、利润率高、战略意义重大的环节实现对价值链的控制。跨国公司间的激烈竞争加速了知识创新频率，扩大了知识创新规模，而跨国公司间的合作导致了企业网络体系及战略同盟的出现，推动了知识的转移和创新，从而进一步推动了产品内国际分工的发展，在全球范围内形成“微笑曲线型”全球价值链。

4.3 制造业服务化各阶段推动全球价值链升级的表现

4.3.1 制造业与生产性服务部门融合前的阶段

制造业与生产性服务部门融合前的阶段对应第一次工业革命时期，国际分工形式是产业间分工。[①] 该阶段，从制造业服务化推动国际分工地位提升的具体作用机制来看，主要是通过产业关联效应、出口效应发挥作用。从制造业服务化的类型来看，主要是流通服务化发展。本部分以英国为例，在制造业服务化推动全球价值链升级的框架下，分析生产性服务部门的发展在英国国际分工地位提升过程中发挥的作用。

18 世纪 60 年代，第一次工业革命起源于英国，以蒸汽机的发明及广泛应用为标志事件，机器大工业生产逐步成为主要制造方式。从外部驱动力来看，科学技术的进步推动生产方式和组织方式的变革。机器大工业最

① 周静（2014）认为工业化阶段与服务型制造的发展阶段均是动态演进的，没有明确的分割节点，将两者进行对应的关键在于该阶段的特征最突出。本书持相同观点，工业革命、制造业服务化、全球价值链的演进阶段并没有明确的分割节点，将其一一对应的依据是生产制造方式的变革，工业革命、制造业服务化、全球价值链均基于生产制造方式变革表现出新的特征。

先出现在当时最发达的棉纺织业，为满足市场对于棉纱制品的需求，工人和技师设法提升生产技术，发明了飞梭及“珍妮机”。此后在采矿等众多行业也出现了机器对人力的替代。当时的动力能源制约了机器的大规模使用，蒸汽机应运而生。1976 年，瓦特发明了蒸汽机，并在随后的数十年间对蒸汽机的关键技术进行了改造，使蒸汽机成为适用于各生产领域的动力设备。18 世纪后期，蒸汽机广泛应用于纺织、采矿、冶炼等行业，极大地提高了各行业的生产能力。作为一国经济的主体，制造业不断呈现出规模化、专业化、规范化发展。机器大工业的发展极大地提升了英国国内工业品的生产能力，1870 年，全英棉纺织厂和毛纺厂分别达到 2484 家和 2579 家，棉纱产量高达 10 万镑。制造业的蓬勃发展是英国实现国际分工地位提升的基础（金碚，2015）。

在英国国际分工地位提升的过程中，以铁路、航海为代表的交通运输业的发展发挥了巨大作用。从制造企业的主要业务结构来看，生产制造是企业的核心环节。运输部门、人事部门等仅是依附于生产制造活动存在的，这些部门是生产性服务业的原始形态，服务内容有限，大部分为企业内部的物流运输等，仅对生产制造起支撑作用，不是企业生产制造的核心环节，从而不能对产品的生产过程产生实质性影响。与其他国家手工业相比，英国基于机器大工业发展在工业品生产中具有绝对比较优势，英国国内生产的产品很大比例上用于满足其他国家对于工业制成品的需求。在利润驱使下英国摒弃重商主义，废除《谷物法》和《航海条例》等，积极推行自由贸易主义以开拓国际市场，从而获取更多的生产原料和更大的销售市场。1699 ~ 1701 年，英国的进口、出口总吨位分别达到 459 千吨、245 千吨。[①] 在繁荣国际贸易带动下，交通运输业仍获得较快发展，为制造业发展提供有力支撑。随着蒸汽机应用于新型火车研制，英国铁道总长在 1850 年底达到 6500 英里，从 1850 年到 1870 年，英国全国铁路总里程增加了两倍，达到 14500 英里，进入铁路交通时代。[②] 同时，蒸汽机

①② 王铭. 英国工业革命与世界工业霸权［J］. 辽宁大学学报（哲学社会科学版），2006（2）：65 - 69.

广泛应用于轮船研制，蒸汽轮船迅速推动英国航海业的发展。交通运输产业的发展进一步促进了市场规模范围扩大，为英国工业革命的推进提供了有力的市场载体。英国金属制轮船取代帆船，成为国际航运的垄断者。英国航海业总吨位迅速增长，很大程度上满足了对外贸易对航运的需求。如图4－3所示，流通服务业占国民经济比重由1801年的16%提升到1861年的20%。虽然从比重来看，流通服务业增幅较小，但是由于工业革命期间英国国内生产总值剧增，相应地，流通服务业的发展是巨大的。发达的交通运输业成为助推英国成为“日不落”帝国的强大力量。作为英国推进国际贸易发展的重要举措，英国东印度公司在英国政府的扶持下，通过丰富商品贸易种类、扩大贸易市场、开拓贸易线路等多种途径推动英国国际贸易的发展，加速了英国殖民体系的形成。凭借垄断地位，18世纪末，东印度公司每年出口商品和重金属的平均价值分别达到77万英镑和62万英镑，扭转了英国对亚洲市场长期存在的贸易逆差，建立了以英国为中枢的多边贸易网络。由此形成了先进工业国与落后农业国之间的产业间国际分工体系。①

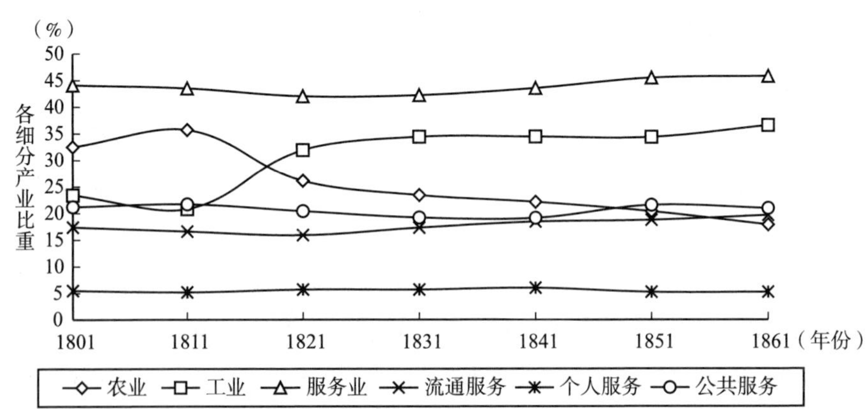

图4－3　1801~1861年英国三大产业与服务业分支行业的产值比重

资料来源：Phyllis Deane and W. A. Cole. British Economic Growth 1688 － 1959. Cambridge at the University Press，1967.

① 孟宪凤，王军．东印度公司与17世纪英国东印度贸易［J］．历史教学（下半月刊），2016（5）：58－63.

由此，在第一次工业革命期间，英国依靠生产制造方式的革新确立了在全球制造业中的领先地位。同时，英国通过流通服务业的发展，增强了流通服务业与制造业之间的产业关联，充分发挥产业关联效应和出口效应，进一步推动了制造业的发展，实现了在国际产业间分工中地位的提升。

4.3.2　制造业与生产性服务业初步融合阶段

制造业与生产性服务业初步融合阶段对应第二次工业革命时期，国际分工形式是产品间分工。该阶段，从制造业服务化推动国际分工地位提升的具体作用机制来看，主要是通过技术创新效应、差异化竞争效应、规模经济效应发挥作用。从制造业服务化的类型来看，主要是金融服务化、商务服务化、流通服务化等。① 本部分以美国为例，在制造业服务化推动全球价值链升级的框架下，分析生产性服务业与制造业初步融合在美国国际分工地位提升过程中发挥的作用。

第二次工业革命中产生了电力并取代蒸汽成为主要的工业动力，内燃机的发明以及在交通运输、工业生产中的应用推进人类社会进入电气时代，全球工业规模迅速增长、产业结构不断升级，重工业取代轻工业成为全球主导产业。1870 年至 1911 年间，全球工业总产值增长近 4 倍，国际贸易额增长近 4.2 倍。② 全球工业生产规模的激增为国际分工的进一步发展提供了基础。同时，电话、电报等通信手段的发明及在全球范围的应用为国际分工体系的扩张提供了条件，在一定程度上解除了全球信息沟通的限制。与第一次工业革命中技术进步主要发生在英国不同，第二次工业革命中技术进步的起源地转移到美国。美国在技术创新特别是在应用科技创新领域领先于世界其他国家。在 1860 年到 1890 年短短三十年间美国申请

---

① 在该阶段，美国的流通服务化发展对于国际分工地位的提升同样发挥着重要作用，但是基本逻辑与对第一次工业革命中英国的分析相似，在此不再赘述。

② 杨文武，罗文宝．国际分工体系的演进动因及启示［J］．人民论坛 · 学术前沿，2016 (9)：44 – 55.

的专利技术量达到50万项，是美国1810年到1860年申请数量的10倍。[①] 在这些发明中包括空气制动装备、电灯、电话、交流电传输装置等一大批第二次工业革命中的核心发明。美国技术创新能力的迅速提升在一定程度上依赖于美国金融业发展的支持。美国金融业的发展突出表现在银行业特别是商业银行的快速扩张，到20世纪20年代左右，美国国家银行在世界各地设立了超过10000家分支机构，州立银行在各地的分支也突破了10000家。[②] 同时，美国金融资本进一步集聚形成了大量的财团，并逐步控制了美国国民经济的支柱产业，形成了寡头垄断的格局，例如美洲银行着力在石油、钢铁等行业进行投资，花旗银行着力在电力、航空、化工等行业进行投资。这些寡头财团极大地推动了美国在制造业行业的发展。

除技术创新效应外，美国金融服务化还通过规模经济效应推动国际分工地位的提升。新技术和新能源的应用推动制造业内部行业门类逐渐丰富，重工业发展迅速，化工业、冶金业、机器制造业等逐步取代纺织业等成为主导产业。随着技术的进步和社会分工的深化，生产方式发生了显著的变化，体现为生产过程的复杂化和生产体系的多样化所导致的分工的细化和劳动的专业化，由此使服务的生产性内容不断增加。在扩大企业制造规模的同时，制造企业逐步意识到“大而全”的组织模式不再适应企业的发展要求。生产性服务的专业化经营，实现了规模经济，从而更好地为制造业发展提供保障服务。金融业等生产性服务业以制造业提供的巨大需求为基础，不断提升自身的规模化和专业化程度，逐步形成完善的产业链条，而制造业也依赖生产性服务业提供的中间服务，着力推动核心制造环节的发展。美国国内生产资本与银行资本实现融合，跨国公司主导的国际直接投资出现，成为国际贸易之外推动国际分工体系发展的又一途径。跨国公司的直接投资进一步推动了国际贸易的发展，一方面通过公司内贸易的繁荣扩大全球商品贸易的总量，另一方面通过资本等生产要素的流动带

① 金碚. 世界工业革命的缘起、历程与趋势［J］. 南京政治学院学报，2015，31（1）：41－49＋140－141.

② 杰里米·阿塔克，彼得·帕塞尔. 新美国经济史：从殖民地时期到1940年［M］. 北京：中国社会科学出版社，2000.

动服务和商品全球贸易量的提升。通过跨国公司国际贸易与直接投资相结合，美国等新兴工业化国家进一步提升了自身在国际产品间分工体系中的主导地位。

第二次工业革命中更多的国家实现了工业化的发展。各个工业化国家均具备了生产主要工业品的能力，从而也加剧了不同国家工业品的竞争激烈程度。在这种产品间分工的格局下，美国通过商务服务化发挥差异化竞争效应，进一步提升了国际分工地位。随着美国国内战争的结束，逐步形成了全国性的统一市场，以广告业等为代表的商务服务业逐步兴起，1870 年美国商务服务业的就业人数仅为 78 万人。到 1910 年，美国商务服务业的就业人数增加到 340 万人，极大地推动了美国制造业的发展。[①] 随着居民消费需求特别是对于汽车等新型产品的需求激增，如何将技术转换为生产能力以满足巨大的市场需求成为制造企业发展的关键。以福特公司为例，依赖于前期对于消费市场的细致分析，福特公司发现在美国公路里程的增长、新移民对于新生活方式的向往等众多因素的推动下，汽车竟由奢侈品转变为必需品。因此，福特公司创新生产方式，推动标准化的流水线建设，推出“T”型车，以低价促进销售，同时不断改进设计和营销手段，引导社会需求结构变化。1907 年至 1927 年，福特公司共计生产并销售 1500 万辆 T 型车。[②] 汽车的推广进一步推进了郊区的开发，拓展了娱乐休闲的空间范围，催生了借贷消费、分期付款等新型消费方式。由此，新产品的产生起始于消费需求并不断随着消费需求的变化而变化。在整个创新发展的过程中，市场调研、金融借贷、销售服务等生产性服务作用进一步推动美国工业品的国际竞争力，从而推动美国国际分工地位的提升。

由此，在第二次工业革命期间，美国依靠生产制造方式的革新实现了工业化的同时，成为全球最大的工业化国家，提升了在国际产品间分工中的地位。在这个过程中，美国通过金融业的发展，充分发挥技术创新效应

---

① 金碚．世界工业革命的缘起、历程与趋势［J］．南京政治学院学报，2015，31（1）：41－49＋140－141.

② 关士续．亨利·福特和他的 T 型车——对 20 世纪技术创新史上一个重大案例的分析［J］．自然辩证法研究，2000（10）：53－57.

和规模经济效应，通过商务服务化发展，充分发挥差异化竞争效应以提升工业产品的国际竞争力，最终实现了国际分工地位的提升。

4.3.3 制造业与生产性服务业高速融合阶段

制造业与生产性服务业高速融合阶段对应第三次工业革命时期，国际分工形式是产品内分工，全球价值链形成并逐步发展。该阶段，从制造业服务化推动国际分工地位提升的具体作用机制来看，主要是通过技术创新效应、差异化竞争效应、范围经济效应等发挥作用。从制造业服务化的类型来看，主要是信息服务化、科技服务化等。本部分仍以美国为例，在制造业服务化推动全球价值链升级的框架下，分析生产性服务业与制造业高速融合在美国国际分工地位提升过程中发挥的作用。①

第三次工业革命中出现了电子计算机、原子能、空间技术等发明和应用，涌现了新材料、新能源以及生物制药等众多高新科技产业。全球制造业生产以这些突破性技术创新及其应用为基础，数字化生产成为主流的生产方式，工业发展呈现高级化、复杂化、高度自动化趋势。生产性服务业与制造业呈现高频率、高深度互动，两者彼此依赖、相互促进。制造业依赖生产性服务业提供的中间投入，同时生产性服务业依赖制造业的中间需求，两者呈现融合发展趋势。与第二次工业革命中一致，美国仍是信息技术等核心技术的发源地。美国在核心技术上的领先优势进一步转化为在高新科技产业以及生产性服务业领域的发展优势。信息服务化发展的技术创新效应得以显现。信息技术等在服务环节的应用推动了技术密集型现代服务体系的形成，不仅包括信息技术催生的电信服务业、科技服务业等，还包括满足新兴服务业发展的金融服务业、商务服务业等。这种转变使服务

---

① 从直观上来看，国际分工从产品间分工到产品内分工的整个过程中，美国一直处于国际分工的高端位置。但是国际分工格局的演变是动态的，能够在国际分工形式转变过程中继续维持在高端位置，这本身也可以看作一种升级。同时，根据亨格雷和施密茨（Humphrey and Schmitz，2002）对于全球价值链升级形式的分类，从一种国际分工形式嵌入另一种国际分工也是全球价值链升级的一种形式，并将全球价值链升级定义为“链条升级”。因此，本部分选取美国作为对象进行分析是合理的。

环节具有更高的附加值，整个价值链上的附加值重心由生产环节向服务环节转移，从而为发达国家制造业服务化发展指明了方向。由此，美国采取服务化的发展战略，将标准化的生产制造环节转移到劳动力要素成本更低、环境规制水平更低的发展中国家，同时致力于发展技术密集度更高、附加值水平更高、环境友好性更强的生产性服务业。[①]

作为美国服务化战略的践行者，跨国公司的发展进一步推动了美国全球价值链升级。随着国际分工的不断深化，同一产品内不同环节之间的分工成为主要的分工形式。跨国公司的经营实际上是一个价值创造的过程。美国跨国公司将整个产业链条进行分解后在全世界范围内进行布局，将技术密集度低、利润率低、环境污染严重的环节外包给其他国家的企业以降低成本，自身通过垄断技术密集度高、利润率高、战略意义重大的环节实现对价值链的控制。同时，在第三次工业革命推动下，知识逐步取代资本成为最重要的生产要素，企业掌握的知识规模及层次决定了企业的核心竞争力，进而决定了企业在全球价值链中的地位。跨国公司间的激烈竞争加速了知识创新频率，扩大了知识创新规模，而跨国公司间的合作导致了企业网络体系及战略同盟的出现，推动了知识的转移和创新，从而进一步推动了产品内国际分工的发展，在全球范围内形成“微笑曲线型”全球价值链。作为制造业服务化发展的微观主体，在国家发展战略的指引下，美国跨国公司同样将生产制造活动外包给发展中国家的企业，将公司的重心转移到服务活动，推动服务化转型。最具代表性的是 IBM 公司。随着亚洲地区宏碁、华硕、联想等电脑生产商的崛起，IBM 公司意识到自身在该领域的竞争优势不再，因此，IBM 公司先后将个人电子计算机生产业务、小型服务器生产业务出售给联想公司，公司专注于为客户提供业务咨询、IT 服务等，实现了服务化转型。在 2010 年，IBM 全球的营收体系中大约有 55% 的收入来自 IT 服务。[②] 此后，更多制造企业实行服务化发展战略，推动了整个制造

① 归核化战略由马基泽斯（Markides，1990）提出，指跨国公司将企业资源集中于最具优势的业务，将其他业务进行外包。

② 杨书群．服务型制造的趋势及我国的发展战略［J］．中国国情国力，2012（4）：16－20．

行业的服务化，从而进一步提升了美国在全球价值链中的分工地位。

同时，美国通过制造业服务化实现差异化竞争效应，从而推动国际分工地位的提升。随着居民收入水平的显著提升，可供居民选择的社会消费品逐步增多，居民的消费需求呈现多样化、高质化、个性化趋势。企业通过降低产品成本获取竞争优势的策略不再适用。提供基于产品的服务成为企业满足消费者多样化需求、获取差异化竞争优势的策略。因此，企业在推进投入服务化发展的同时也进一步推动产出服务化发展。20 世纪 60 年代，产出服务化策略主要围绕产品的销售、组装等附加服务。随着信息技术等高新科技的创新及应用，产品的复杂程度不断提升，内含的科技含量大幅提升，对于产品使用者的操作、维护等能力提出更高要求。到 20 世纪 80 年代，服务成为营销的一部分，包括产品的分销、质保和维修，这为企业进一步延伸基于产品的服务提供了更大的空间。服务化策略逐步由产品的销售过程向产品的使用过程渗透，保证产品功能的完全实现，从而满足用户对基于产品的各种服务需求。通过服务化发展，制造企业与消费者之间建立了良好的互动关系，从而可以提升企业产品的竞争力，提高企业的利润水平。到 20 世纪 90 年代，服务成为一种管理理念和成长路径，包括关系营销、售后服务，服务范围进一步扩大。21 世纪初，服务成为主线业务，以价值增值服务为主，服务的划分细化，成为利润的主要来源。在整个“产品 + 服务”的实践过程中，美国企业一直是先行者，从而进一步巩固了美国在全球价值链中的地位。

由此，在第三次工业革命期间，美国依靠在信息技术等领域的领先地位，积极推动高新技术产业发展，在全球范围内建立了产品内分工的新格局。同时，美国通过信息服务化、科技服务化等的发展充分发挥了技术创新效应、差异化竞争效应等，进一步推动了生产性服务业的发展，实现了在国际产业间分工中地位的提升。

4.3.4 比较与启示

通过对制造业服务化各阶段推动全球价值链升级的历史考察发现，不同的发展时期，制造业服务化的主要类型及推动全球价值链升级的机制存在差异。① 从制造业服务化的主要类型来看，第一次工业革命期间服务化发展主要表现为运输等生产性服务部门逐步从制造业内部分离出来，成为独立发展的产业，这类生产性服务业多为制造业提供一般性、标准性的服务，但并没有嵌入产品的生产制造过程中。第二次工业革命期间的服务化主要表现为金融服务业、商务服务业等产业的迅猛发展，这类生产服务业为制造业提供针对性、特殊性的服务，并逐步嵌入产品生产的非核心环节。第三次工业革命期间的制造业服务化主要表现为信息服务业、科技服务业等生产性服务业的发展，这些生产性服务业为制造业发展提供更加专业性、创新性的服务，并逐步嵌入产品生产的核心环节。从制造业服务化的作用机制来看，第一次工业革命期间物流服务化等主要通过出口效应等扩大国际市场，进而推动国际分工体系的形成，并基于制造业生产中的领先地位占据产业间分工格局的高端地位。第二次工业革命期间金融服务化、商务服务化等主要通过技术创新效应、规模经济效应、差异化竞争效应等提升工业产品的国际竞争力，进而实现在国际产品间分工中的升级。第三次工业革命期间信息服务化、科技服务化等主要通过技术创新效应、差异化竞争效应等提升在研发设计环节、销售管理环节的竞争力，进而由产业间的国际分工嵌入全球价值链，并提升全球价值链中的地位（见表4-4）。

表4-4　制造业服务化各阶段推动全球价值链升级的比较

时期	第一次工业革命	第二次工业革命	第三次工业革命
制造业服务化阶段	未融合	初步融合	高速融合
全球价值链发展阶段	未形成（产业间分工）	未形成（产品间分工）	形成并发展（产品内分工）
主要服务化类型	流通服务部门发展	金融服务化、流通服务化、商务服务化	信息服务化、科技服务化

① 在制造业服务化的各阶段中，各种具体作用机制在一定程度上均有所体现，本书选取了作用程度中较突出、较显著的进行分析。

续表

时期	第一次工业革命	第二次工业革命	第三次工业革命
主要作用机制类型	出口效应	技术创新效应、规模经济效应、差异化竞争效应等	技术创新效应、差异化竞争效应等
带动作用	推动国际分工体系的形成，在产业间国际分工中的地位提升	由产业间国际分工嵌入产品间国际分工，并在产品间国际分工中的地位提升	由产业间国际分工嵌入全球价值链，并在全球价值链中的地位提升

资料来源：笔者梳理总结。

通过对制造业服务化各阶段推动全球价值链升级的比较分析，归纳出了如下三点经验启示，同时制造业服务化能否成功推动全球价值链升级还需要从以下三个方面进行着力。第一，提升技术创新水平，推动生产制造方式变革。比较分析发现，位于各时期国际分工顶端的国家均是生产技术创新的起源地。英国人瓦特发明了蒸汽机，并在随后的数十年间对蒸汽机的关键技术进行了改造，使蒸汽机成为适用于各生产领域的动力设备。第二次工业革命中技术进步的起源地转移到美国。美国在技术创新特别是在应用科技创新领域领先于世界其他国家，发明了空气制动装备、电灯、电话、交流电传输装置等关键技术和装备。第三次工业革命中信息技术的起源地仍位于美国。美国在信息技术研发的领先地位同时体现在对于基础理论和应用科技两个方面。这种转变为其他国家提升技术创新能力提供了思路，在初期应当致力于引进技术，并通过技术转换体制的构建推动应用科技创新，在后期加强对于基础理论的研究，全面提升技术创新能力。

第二，积极开拓国际市场，主动参与国际分工。在英国国际分工地位提升的过程中，国际市场发挥了重要作用。在繁荣的国际贸易带动下，交通运输业获得较快发展，为制造业发展提供有力支撑。交通运输产业的发展进一步促进了市场规模范围的扩大，为英国制造业的发展提供了有力的市场载体。美国的发展同样支持该结论。通过国内生产资本与银行资本实现融合，国际直接投资出现，成为国际贸易之外推动国际分工体系发展的又一途径，并通过资本等生产要素的流动带动服务和商品全球贸易量的提升。通过国际贸易与直接投资相结合，美国进一步提升了自身在国际分工中的地位。而在产品内分工格局下，美国将标准化的生产制造环节转移到发展中国家，同时致力于发展技术密集度更高、附加值水平更高、环境友好性更强的生产性服务业，由此推动了全球中间品贸易的繁荣。因此，在推动全球价值链升级的过程中，必须积极开拓国际市场。

第三，推动跨国公司发展，适应全球经济变化。例如，英国设立东印度公司通过丰富商品贸易种类、扩大贸易市场、开拓贸易线路等多种途径推动英国国际贸易的发展，加速了英国殖民体系的形成，建立了以英国为中枢的多边贸易网络，由此，形成了先进工业国与落后农业国之间的产业间国际分工体系。在产品间分工中，美国跨国公司通过国际直接投资一方面通过公司内贸易的繁荣扩大全球商品贸易的总量，另一方面通过资本等生产要素的流动带动服务等其他类型全球贸易量的提升。通过跨国公司国际贸易与直接投资相结合，美国实现了国际分工地位的提升。在产品内分工中。美国跨国公司将整个产业链条进行分解后在全世界范围内进行布局，将技术密集度低、利润率低、环境污染严重的环节外包给其他国家的企业以降低成本，自身通过垄断技术密集度高、利润率高、战略意义重大的环节实现对价值链的控制。由此，在实施制造业服务化战略时，必须积极推动跨国公司的发展，从而更好地适应国际分工格局的变化。

4.4　本章小结

本章对历史中制造业服务化各阶段推动全球价值链的历程进行了考察，以此作为制造业服务化推动全球价值链升级的例证。本章具体研究内容总结如下。

第一，在生产技术进步、产业链重心变化、消费需求多样化、环境及要素成本上升等企业发展外部动力驱动下，制造企业为追求更高的利润收益、培育竞争优势、获取营销机会、履行社会责任，推动服务化发展。作为衡量生产制造方式变革的重要时间轴，历次工业革命分别对应制造业服务化未融合、初步融合、高速融合三个阶段。在生产制造模式及组织方式变革、主要国家竞争政策变化以及跨国公司发展三个主要动力作用下，国际分工格局不断演进。同样作为衡量生产制造方式变革的时间轴，历次工业革命分别对应全球价值链演进的产业间分工、产品间分工、产品内分工三个阶段。以工业革命为桥梁，制造业服务化与全球价值链演进的三个阶段一一对应。

第二，在不同的发展阶段，制造业服务化的主要类型及推动全球价值链升级的机制存在差异。未融合阶段的服务化主要表现为运输等生产性服务部门逐步从制造业内部分离出来，为制造业提供一般性、标准性的服务，主要通过出口效应等扩大国际市场，并基于制造业生产中的领先地位占据产业间分工格局的高端地位。初步融合阶段的服务化主要表现为金融服务业、商务服务业等产业的迅猛发展，逐步嵌入产品生产的非核心环节，主要通过技术创新效应、规模经济效应等提升工业产品的国际竞争力，进而实现在国际产品间分工中的升级。高速融合阶段的制造业服务化主要表现为信息服务业、科技服务业等产业的发展，主要通过技术创新效应、差异化竞争效应等提升在研发设计、销售管理环节的竞争力，进而提升全球价值链中的地位。从各阶段成功实现全球价值链升级的国家来看，主要有三点启示：一是提升技术创新水平，推动生产制造方式变革；二是积极开拓国际市场，主动参与国际分工；三是推动跨国公司发展，适应全球经济变化。

第 5 章　我国制造业服务化影响全球价值链升级的效应

融入全球价值链是当前参与全球产业分工的主要方式。改革开放 40 多年来，我国已全面参与到国际产业分工体系中，许多产业已深度嵌入国际价值链。随着全球制造业呈现服务化的发展趋势，我国也不断推动制造业与生产性服务业的融合发展，部分制造企业开始进行服务化转型升级。因此，5.1 节将着重分析我国制造业服务化的发展状况。通过参与国际分工，我国制造业发展迅速，逐步成为制造业大国，但是我国仍处于全球价值链低端，参与国际分工的收益较低，面临着低端锁定的风险。因此，5.2 节着重对我国全球价值链分工地位进行测度。5.3 节以前文中的理论分析为基础，通过构建计量模型对我国制造业服务化能否推动全球价值链升级以及推进的程度进行实证检验。

5.1　我国制造业服务化水平测度

5.1.1　测度方法及数据来源

5.1.1.1　测度方法

从产业层面来看，测度制造业服务化的方法主要有两种：一种方法基于投入产出表的直接消耗系数计算。程大中（2008）以我国 2000 年投入产出表和 OECD 投入产出数据库为数据来源，采用直接消耗系数测度了 2000 年我国与 OECD13 个成员国制造业服务化发展状况，用以反映生产性服务业的发展水平及内部结构。[①] 李江帆等（2008）沿用相同的思路和方法以我国 1995 年、2000 年、2002 年的投入产出表以及其他国家相应年份的投入产出表为数据来源，比较分析了“金砖四国”的生产性服务业发展水平及内部结构，并对制造业生产性服务投入的类型进行了分析。[②] 由于制造业中的服务投入不仅包括直接投入，还包括大量的间接投入，因此直接消耗系数往往低估了制造业服务化的发展水平。另一种方法是运用投入产出法测度完全消耗系数来衡量制造业服务化发展程度。该方法是目前国内外使用最多的测度方法，该方法具有较强的科学性、客观性和代表性。庄慧明等（2010）建立了 31 国投入产出模型[③]，采用完全消耗系数测度了服务化发展水平并进行了横向比较，进而分析我国服务化发展状况。刘斌等（2016）以 2000～2011 年 WIOD 投入产出表为数据来源，采用完全消耗系数法测度了我国制造业投入服务化发展状况，从纵向发展和横向比较两个维度进行了分析。陈秀英（2016）以我国 2002 年、2005 年、2007 年以及 2010 年投入产出表为数据来源，采用完全消耗系数法测度了我国制造业投入服务化水平，缺失年份的服务化数据采用相近年份进行替代[④]。吕越等（2017）以 2000～2006 年 WIOD 投入产出表为数据来源，同时采用直接消耗系数法和完全消耗系数法测度了我国制造业的服务化水平，并通过两者的比较分析我国制造业服务化水平较低的原因。唐志芳等（2018）以 1995～2011 年 WIOD 投入产出表为数据来源，采用完全消耗系

---

① 程大中（2008）中将制造业对生产性服务业的直接消耗系数称为服务投入率。

② 李江帆、朱胜勇（2008）同样将制造业对生产性服务业的直接消耗系数称为服务投入率。

③ 31 国包括美国、法国、英国等 27 个发达国家以及金砖四国（中国、巴西、印度、俄罗斯）。

④ 由于我国投入产出表 2～3 年更新一次，从而导致中间年份投入产出数据的缺失。众多学者认为产业间的投入—产出结构具有一定的持续性，相近年份间差别不大，因此多采用相近年份的数据进行补充，从而得到连续的数据。

数方法测度了我国制造业服务化水平，用以分析制造业服务化对劳动收入占比的影响。

通过比较分析发现，对于制造业服务化的测度方法较为单一，完全消耗系数是最为常用的方法。不同学者对于制造业服务化水平测度的发展在于数据库的选择。在早期的研究中，学者多采用我国统计局国民经济核算司编制的中国投入产出表与WIOD公布的其他国家相应年份的投入产出表为数据来源，通过完全消耗系数的测算进行横向比较。但是由于我国投入产出表是竞争型的，而国外的投入产出表多为非竞争型的①，同时在行业的划分上存在差异。从近年的研究来看，WIOD是目前最为常用的数据来源，与国内投入产出数据相比，WIOD具有如下优势：第一，WIOD公布的投入产出表包含世界主要国家，按照统一的行业划分，因此利于国家间的横向比较分析；第二，WIOD公布的投入产出表是连续的，而我国的投入产出表，每五年更新一次，周期内第三年公布一次延长表，由此导致了数据的不连续性，不利于进行计量分析。

基于上述分析，本书沿用完全消耗系数的方法测度制造业服务化水平，并同时对直接消耗系数进行测度，以此作为比照全面分析制造业服务化发展状况。数据来源沿用目前普遍采用的WIOD投入产出表。后文对测度方法和数据来源进行具体阐述。

直接消耗系数计作 a_{ij}，是指 i 行业生产一单位的产品所需要直接投入的 j 行业产品的产品数量，公式如下所示：

$$a_{ij} = x_{ij}/X_i \tag{5.1}$$

其中，x_{ij} 表示 i 行业所需 j 行业的投入量，X_i 表示 i 行业生产所需的总投入量。

依照直接消耗系数的定义，某一制造业行业 i 对服务业行业 j 的直接消耗系数为 a_{ij}，表示某一制造行业 i 特定类型服务化程度，数值越大则服

① 按照产品的可替代性，投入产出表分为竞争型表和非竞争型表。竞争型表中对于国内中间投入和国外中间投入不进行区分，认为两者是可以完全替代的，如我国编制的投入产出表。非竞争型表中对于国内中间投入和国外中间投入进行区分，认为两者之间是不能替代的，如WIOD等编制的投入产出表。

务化程度越高，数值越小则服务化程度越低。某一制造行业 i 对服务业整体的直接消耗系数为 $\sum_{j=1}^{n} a_{ij}$（$j=1, 2, 3, \cdots, n$），表示某一制造业 i 的服务化程度，数值越大则服务化程度越高，数值越小则服务化程度越低。

完全消耗系数计作 b_{ij}，是指某一行业 i 一单位产品生产中直接投入和间接投入的 j 行业的产品总量，是直接消耗和间接消耗的总和。从含义上来看，公式表示为：

$$b_{ij} = a_{ij} + \sum_{m=1}^{n} a_{im} a_{mj} \tag{5.2}$$

其中，a_{ij}表示部门 i 对部门 j 的直接消耗系数，第二项表示部门 i 通过部门 m 对部门 j 产生的间接投入，以此类推，累积的总和即为完全消耗系数。

从运算上来看，公式表示为：

$$B = (1 - A)^{-1} - I \tag{5.3}$$

其中，B 为完全消耗系数矩阵，A 为直接消耗系数矩阵，I 为单位矩阵，$(1 - A)^{-1}$为里昂惕夫矩阵。

依照完全消耗系数的定义，某一制造业行业 i 对服务业行业 j 的完全消耗系数为 b_{ij}，表示某一制造行业 i 特定类型服务化程度，数值越大则服务化程度越高，数值越小则服务化程度越低。某一制造行业 i 对服务业整体的完全消耗数为 $\sum_{j=1}^{n} b_{ij}$（$j=1, 2, 3, \cdots, n$），表示某一制造业 i 的服务化程度，数值越大则服务化程度越高，数值越小则服务化程度越低。

5.1.1.2 数据来源

本书采用欧盟编制的世界投入产出表（WIOD）作为数据来源。同时由于国际行业分类与我国国民经济行业分类标准不一致，因而本书对制造业行业部门进行了整合，共分为 16 个细分行业[①]，具体分类如

① 刘斌（2016）将制造业细分行业划分为 14 个，差别在于舍弃了制造行业 C17 纸和纸制品的制造和 C31 ~ C32 家具的制造、其他制造业。

表5－1 所示。

表 5－1　　制造业细分行业分类对照

行业编号	WIOD 行业分类	1994 年修订国民经济行业分类	2002 年修订国民经济行业分类
01	C10～C12 食品、饮料和烟草制品的制造	C13 食品加工业、C14 食品制造业、C15 饮料制造业、C16 烟草加工业	C13 农副食品加工业、C14 食品制造业、C15 饮料制造业、C16 烟草制品业
02	C13～C15 纺织品、服装、皮革和相关产品的制造	C17 纺织业、C18 服装及其他纤维制品制造业、C19 皮革、毛皮、羽绒及其制品业	C17 纺织业、C18 服装及其他纤维制品制造业、C19 皮革、毛皮、羽绒及其制品业
03	C16 木材、木材制品及软木制品的制造（家具除外）、草编制品及编织材料物品的制造	C20 木材加工及竹、藤、棕、草制品业	C20 木材加工及竹、藤、棕、草制品业
04	C17 纸和纸制品的制造	C22 造纸及纸制品业	C22 造纸及纸制品业
05	C18 记录媒介物的印制及复制	C23 印刷业、记录媒介的复制	C23 印刷业、记录媒介的复制
06	C19 焦炭和精炼石油产品的制造	C25 石油加工及炼焦业	C25 石油加工、炼焦及核燃料加工业
07	C20 化学品及化学制品的制造	C26 化学原料及化学制品制造业、C28 化学纤维制造业	C26 化学原料及化学制品制造业、C28 化学纤维制造业
08	C21 基本医药产品和医药制剂的制造	C27 医药制造业	C27 医药制造业
09	C22 橡胶和塑料制品的制造	C29 橡胶制品业、C30 塑料制品业	C29 橡胶制品业、C30 塑料制品业
10	C23 其他非金属矿物制品的制造	C31 非金属矿物制品业	C31 非金属矿物制品业

续表

行业编号	WIOD 行业分类	1994 年修订国民经济行业分类	2002 年修订国民经济行业分类
11	C24 基本金属的制造	C32 黑色金属冶炼及压延加工业、C33 有色金属冶炼及压延加工业	C32 黑色金属冶炼及压延加工业、C33 有色金属冶炼及压延加工业
12	C25 金属制品的制造，但机械设备除外	C34 金属制品业	C34 金属制品业
13	C26 计算机、电子产品和光学产品的制造	C41 电子及通信设备制造业	C40 通信设备、计算机及其他电子设备制造业
14	C27 电力设备的制造	C40 电气机械及器材制造业	C39 电气机械及器材制造业
15	C29 汽车、挂车和半挂车的制造、C30 其他运输设备的制造	C37 交通运输设备制造业	C37 交通运输设备制造业
16	C31～C32 家具的制造、其他制造业	C21 家具制造业、C43 其他制造业	C21 家具制造业、C42 工艺品及其他制造业

资料来源：笔者依据 WIOD 行业分类及我国国民经济行业分类整理。

同时，本书为了对制造业不同类型服务化进行分析，对 WIOD 数据库投入产出表中的服务化行业进行了类型划分①，具体如表 5－2 所示。

表 5－2　各类型制造业服务化对应行业分类

服务化类型	服务业具体行业
流通服务化	H49 陆地运输和管道运输业；H50 航海运输业；H51 航空运输业；H52 仓储业；H53 邮递运输业
信息服务化	J61 电信业；J62～J63 计算机程序设计、咨询业，信息服务业
科技服务化	M71 技术试验和分析；M72 科学研究业；M74～M75 其他专业、科学和技术活动

① 许和连、成丽红、孙天阳（2017）将服务投入类型分为运输投入、批发零售、金融保险、信息和通信、专业科学五类。本书认为随着电子商务等新型销售模式的发展，运输投入和批发零售紧密相关，因此将其统一归纳为流通服务化，并将法律和会计业、管理咨询业、广告与市场研究业定义为商务服务化。

续表

服务化类型	服务业具体行业
金融服务化	K64 除保险和养老基金外的金融服务业；K65 保险、再保险和养老基金；K66 金融服务和保险活动的辅助业务
商务服务化	M69 ~ M70 法律和会计业，管理咨询业；M73 广告与市场研究业

资料来源：笔者根据 WIOD 行业分类整理。

5.1.2　测算结果及分析

依照上述测度方法和数据来源，对我国制造业服务化发展的测算结果和分析如下。

第一，从纵向发展来看，我国制造业服务化水平总体呈现稳步上升态势。如图 5 - 1 所示，2000 年以直接消耗系数测度的我国制造业服务化程度为 0. 11，以间接消耗系数测度的我国制造业服务化程度为 0. 32，此后逐年上升，2002 年分别达到 0. 13 和 0. 335。2002 年后我国加工贸易出口业务兴盛，制造业服务化发展水平停滞，甚至短期下降，这种形势一直延续到 2007 年。2008 年后直接消耗系数和间接消耗系数稳步增长，至 2014 年以直接消耗系数测度的我国制造业服务化达到 0. 165，以完全消耗系数测度的我国制造业服务化程度达到 0. 419，制造业服务化水平不断提升。

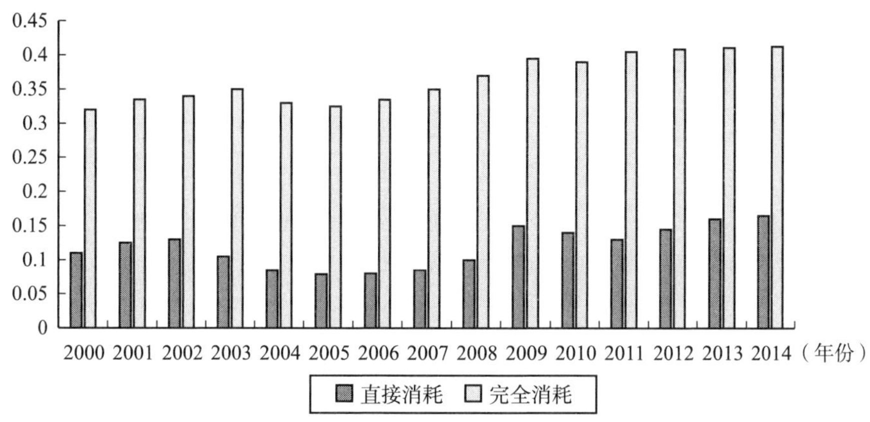

图 5 - 1　2000 ~ 2014 年我国制造业服务化水平测度

资料来源：笔者根据相关数据测算结果整理。

第二，从细分行业来看，我国各制造业行业服务化水平变化更加显著，行业间存在较大差异。图5－2显示了各行业2000年和2014年以完全消耗系数测度的服务化水平。从2000年至2014年的纵向比较来看，部分行业如食品、饮料和烟草制品制造业（行业编码01）、纺织服装业（行业编码02）等轻工业行业服务化水平增长幅度较大，而金属制品业（行业编码12）、运输设备业（行业编码15）等重工业行业服务化水平增长幅度较低，计算机及通信设备制造业（行业编码13）增长幅度最高。从2014年各行业服务化水平的横向比较来看，金属制品业（行业编码12）、运输设备业（行业编码15）等重工业行业服务化水平仍显著高于食品、饮料和烟草制品制造业（行业编码01）、纺织服装业（行业编码02）等轻工业行业，计算机及通信设备制造业（行业编码13）服务化水平达到0.43，超过制造业整体0.423的平均服务化水平。

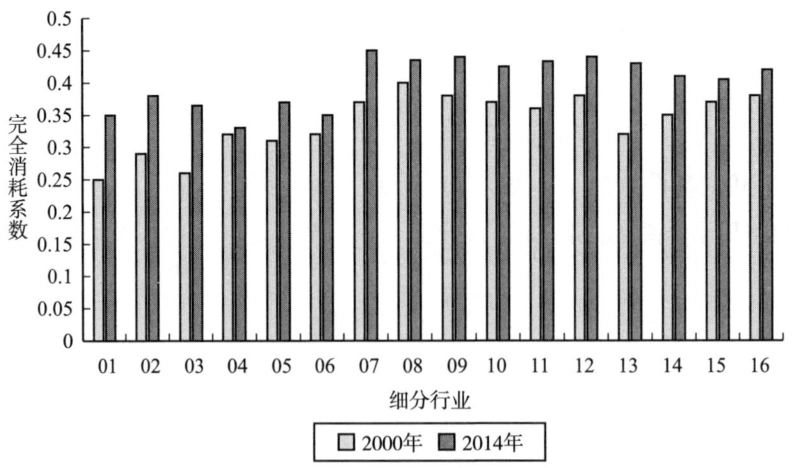

图5－2　2000年和2014年我国制造业各细分行业服务化水平测度

注：行业代码对应的制造行业细分行业详见表5－1。
资料来源：笔者根据相关数据测算结果整理。

第三，从我国制造业不同服务化类型来看，2000～2014年各类型服务化均呈现上升态势，但在上升幅度以及在不同阶段的发展存在差异。如图5－3所示，制造业流通服务化是程度最高的服务化类型，2000年和2014

年以完全消耗系数衡量的服务化率分别为0.48和0.54，始终高于我国制造业整体服务化水平。制造业信息服务化是增幅最高的服务化类型，以完全消耗系数衡量的服务化率由2000年的0.26增长到2014年的0.415，但仍低于0.432的制造业整体服务化水平。制造业商务服务化和制造业金融服务化具有相似的发展轨迹，在2000年至2014年保持稳定的小幅增长。制造业科技服务化是程度最低的服务类型，并在2007～2009年间出现了短暂的下降，此后逐步上升，与制造业整体服务化水平的差距不断缩小。

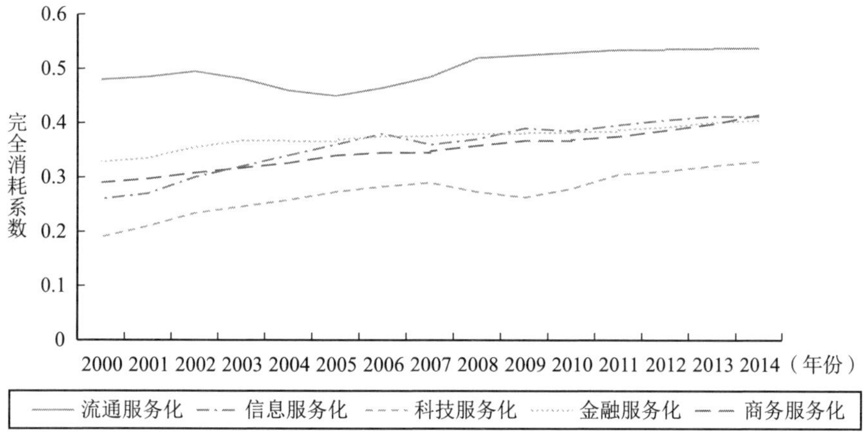

图5－3　2000～2014年我国制造业分类型服务化水平测度

资料来源：笔者根据相关数据测算结果整理。

第四，从制造业服务化的国际比较来看，我国制造业服务化水平不仅与发达国家之间存在较大差距，与印度、巴西等发展中国家相比也存在不足。如图5－4所示，2014年美国、日本、德国以直接消耗系数衡量的制造业服务化程度分别为0.375、0.275、0.305，以完全消耗系数衡量的制造业服务化程度分别为0.594、0.578、0.537，远高于我国的同期水平。与印度、巴西相比，我国在以直接消耗系数衡量的制造业服务化程度上的差距远大于以完全消耗系数衡量的制造业服务化程度，这表明我国制造业直接服务要素投入不足，制造业服务化发展仍处于较低的阶段。

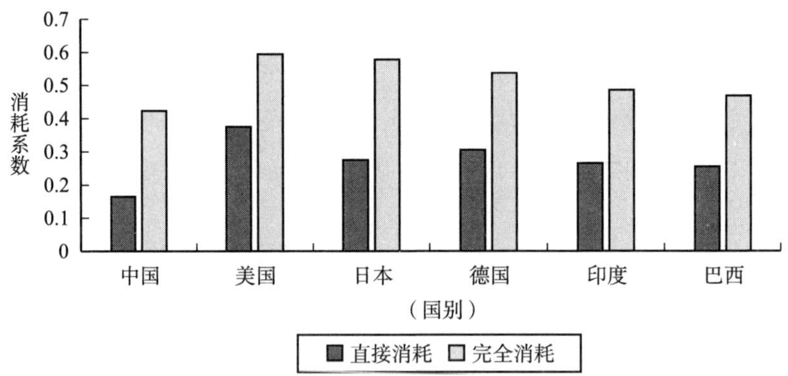

图 5－4　2014 年我国与世界主要国家制造业服务化水平比较

资料来源：笔者根据相关数据测算结果整理。

5.2　我国全球价值链地位的测度

5.2.1　测度方法及数据来源

对于全球价值链的准确测度是本书分析的关键。从既有的研究成果来看，全球价值链地位的测度指标主要包括基于生产视角的产业上游度、出口技术复杂度等，以及基于价值视角的垂直专业化比率及其改进。部分学者尝试从上述两种视角出发，通过构建综合指标的形式对全球价值链地位进行测度（黄先海等，2010）。总体来看，垂直专业化比率及其改进和出口技术复杂度是最为常用的两种指标。

5.2.1.1　垂直专业化比率

垂直专业化比率被定义为一国出口的产品在生产中进口的中间品的比率，由胡梅尔斯等（Hummels et al.）在 2001 年最先提出，用以衡量全球价值链地位。这种逻辑下隐含的假设是一个国家出口的产品中进口的中间产品越多，则这个国家的国际分工地位越高。然而，在国际产品内分工的格局下，价值链低端的加工组装环节需要进口大量的中间产品，同时出口最终产品。按照该定义的计算结果往往会高估从事加工制造环节国家的全球价值链分工地位。为此，众多学者对指标进行了改进以增强测度结果的准确性。其中，最具代表性的是库普曼（2008）的研究。通过区分中间品中的进口部分和国内部分，库普曼（2008）将加工贸易等考虑在内，从而更加准确地衡量产品内分工格局下的分工地位。随后，库普曼（2012）和王（Wang，2013）通过设置特定矩阵对贸易数据进行分解①，用行业出口中的国外增加值以及国外账户中重复计算部分的加总与总出口的比值衡量垂直专业化率。这种核算思路在最大程度上降低了加工贸易对于指标的影响。然而，该方法由于是主观处理后的数据，而非原始统计数据，由此导致统计结果存在先天的不足。本书认为垂直专业化比率更适合作为衡量一个国家参与全球价值链的指标。

计算行业的垂直专业化比率首先要得到行业的垂直专业化出口数额（VS_i），公式如下：

$$VS_i = \frac{Imp_i}{Out_i} \times Exp_i \tag{5.4}$$

式（5.4）中，Imp_i 指行业 i 中间投入的进口额，Out_i 指行业 i 的总产出额，Exp_i 表示行业 i 的出口额，VS_i 为零则表示该行业没有出口或没有中间品进口。

垂直专业化率（VSS_i）为垂直专业化出口数额与行业总出口的比值，公式如下：

$$VSS_i = VS_i/Exp_i = \mathrm{Imp}_i/Out_i \tag{5.5}$$

式（5.5）中符号的具体含义与式（5.4）相同。

制造业总体的垂直专业化比率是各行业垂直专业化比率的加权平均，具体如下：

① 相关的处理参见：王直，魏尚进，祝坤福．总贸易核算法：官方贸易统计与全球价值链的度量［J］．中国社会科学，2015（9）：108－127＋205－206.

$$VSS = (\overrightarrow{vss_i} \times \overrightarrow{exp_i}) / \sum exp_i \tag{5.6}$$

其中，$\overrightarrow{vss_i}$表示由各行业垂直专业化比率组成的行向量，$\overrightarrow{exp_i}$表示由各行业出口额组成的列向量，$\sum exp_i$ 表示各行业出口额的加总。

从现有的贸易数据库中来看，没有中间品投入的数据，因而只能从相关的投入产出表中获取中间品的投入数据，通过引入直接消耗矩阵，行业的垂直专业化比率计算如下：

$$VSS_i = (\vec{\beta} \times \vec{A} \times \overrightarrow{Exp_i}) / \sum Exp_i \tag{5.7}$$

其中，$\vec{\beta}$ 为 $1 \times n$ 的行向量，元素全为 1，$\vec{A}$ 为进口产品的直接消耗系数矩阵，由部门 i 对部门 j 的直接消耗系数 a_{ij} 组成，$\overrightarrow{Exp_i}$表示由各行业出口额组成的列向量，$\sum Exp_i$ 表示各行业出口额的加总。

然而，在实际生产过程中，中间品不仅直接投入最终产品生产，还会用于生产最终产品所需要的其他产品，因而产生间接消耗，因此用完全消耗矩阵更能够准确地衡量垂直专业化比率，具体公式如下：

$$VSS_i = (\vec{\beta} \times \vec{A} \times \overrightarrow{Exp_i}) / \sum Exp_i = (\vec{\beta} \times \vec{A} \times (\vec{I} - \overrightarrow{A^D})^{-1} \times \overrightarrow{Exp_i}) / \sum Exp_i \tag{5.8}$$

其中，$\vec{\beta}$ 为完全消耗系数矩阵，$(\vec{I} - \overrightarrow{A^D})^{-1}$ 为里昂惕夫矩阵，$\overrightarrow{A^D}$ 为国内产品生产的直接消耗系数组成的 $n \times n$ 阶矩阵，其他公式符号含义与式（5.7）相同。将单个行业垂直专业化比率的计算结果带入式（5.6），同样可以得到制造业整体的垂直专业化比率。

5.2.1.2　出口国内技术复杂度

出口技术复杂度由指标贸易专业化（Trade Specialization Coefficient，TSC）发展而来。贸易专业化指数由米凯丽（Michaely，1984）提出，假定出口产品的技术含量与出口国的人均收入正相关，进而商品所有出口国的加权平均收入水平即为贸易专业化指数，但是该指标没有考虑国家规模因素。豪斯曼等（Hausmann et al.，2005）将出口术复杂度纳入国家经济规模对技术水平的影响，用出口国该产品的显示比较优势指数占全球的比例作为权重，乘积的加总即为出口复杂度指数。这一方法得到了国内外学者的认可，并基于此方法对全球价值链地位进行研究。部分学者沿用此方法对我国出口技术复杂度进行了测度，结论普遍认为 20 世纪 90 年代以来，我国出口商品的技术复杂度呈现上升态势。① 在出口技术复杂度的测度中，同样面临产品内分工导致的高估问题。为了剔除出口产品中进口中间品的价值，众多学者进行了有益的尝试。一种思路是通过出口产品减去中间投入品获取国内增加值数据，但是该思路没有考虑出口产品对于中间投入品的间接消耗。② 另一种思路是通过计算垂直专业化比率作为加权，对豪斯曼等（2005）提出的出口技术复杂度进行修正，同时剔除出口产品对于中间投入产品的直接消耗和间接消耗。③ 这种改进方法解决了产品内分工格局下中间投入品对于指标测度的高估问题，从而更加准确地测度全球价值链地位。本书沿用第二种思路对我国出口国内技术复杂度进行测度，用以衡量我国制造业全球价值链地位。接下来，对出口国内技术复杂度的具体测算方法进行论述。

豪斯曼等（2005）提出的出口技术复杂度的具体计算公式如下：

$$WTS_i = \sum_j \left(P_{ij} \times \sum_j \frac{P_{ij}}{\sum_j P_{ij}} Y_j \right) \tag{5.9}$$

$$P_{ij} = Exp_{ij} / \sum_i Exp_{ij} \tag{5.10}$$

其中，WTS_i 为产品 i 的全部技术复杂度，Exp_{ij}为国家 j 行业 i 出口商品的总额，$\sum_i Exp_{ij}$ 为国家 j 的总出口额，P_{ij}为 j 行业占总出口的比重，Y_j

---

① 德尼和罗德里克（Dani and Rodrik，2006）研究认为 1990 ~ 2002 年我国出口产品技术复杂度提升显著，部分行业甚至达到发达国家水平，而艾米蒂等（Amiti et al.，2008）研究认为 1992 ~ 2006 年我国出口产品技术复杂度呈现增长趋势，但增速缓慢。

② 姚洋、张晔（2008）通过构建出口国内技术复杂度指标对 1997 ~ 2002 年我国整体以及广东、江苏两省的发展进行测度，结果发现均呈现出下降态势，这一结论也说明该思路的局限性。

③ 杜传忠、张丽（2013）沿用此思路对我国 2002 ~ 2011 年国家、地区和产业三个层面的出口国内技术复杂度进行了测算，研究发现我国出口国内技术复杂度稳步提升。倪洪福（2017）从生产工序的视角对于权重的测度进行了创新，对我国 1995 ~ 2011 年的出口技术含量进行了分析，研究发现我国制造业整体及细分行业的技术含量均呈现出升级态势。

为某个国家的人均收入水平。

但是由于我国在出口商品结构中加工贸易占据较大份额，出口产品中往往存在大量的中间品进口，直接采用该方法往往导致高估我国的出口复杂度。为消除这种全球产品内分工格局产生的影响，本书借鉴杜传忠等（2013）、倪洪福（2017）的思路①，以垂直专业化比率（VSS）为权重对出口技术复杂度（WTS）进行调整，其中 VSS 的计算与式（5.8）一致，商品 i 的出口的国内技术复杂度（DTS）公式如下：

$$DTS_i = \sum_i \left[\frac{(1 - vss_i) \times Exp_i}{\sum_i (1 - vss_i) \times Exp_i} \times (1 - VSS_i) \times WTS_i \right] \quad (5.11)$$

式（5.11）中符号含义与式（5.8）及式（5.9）含义相同。

5.2.1.3 数据来源

本部分的数据主要来源于 OECD 公布的世界投入产出表（WIOD）、联合国贸易分类统计数据库以及世界银行数据库。其中，垂直专业化比率的数据主要来源于世界投入产出表 2000～2014 年的相关统计数据，出口国内技术复杂度指标测算所需的数据主要来源于联合国贸易分类统计数据库以及世界银行数据库 2000～2014 年相关统计，各国的人均收入水平均以 2005 年为基期，从而增加数据的可比性。

5.2.2 测算结果及分析

从全球价值链参与度来看，2000～2014 年我国制造业整体参与全球价值链的程度持续上升，垂直专业化比率由 2000 年的 0.1569 上升到 2014 年的 0.2353。在此时间段内，全球价值链参与度存在短期波动，分别在 2001 年、2004 年及 2008～2010 年出现短期下降，2010 年以后呈现稳定上

① 杜传忠、张丽（2013）对于垂直专业化指数的测度采用的是我国 2002 年、2005 年、2007 年等年份的投入产出表，倪洪福（2017）对加权权重的测度采用的是 WIOD 1995～2011 年投入产出数据，本书的权重是基于 WIOD 2000～2014 年投入产出数据测度的垂直专业化指数。

升态势。在制造业整体全球价值链参与度不断提升的同时，各细分行业间呈现出不同的发展趋势。在 2000 年，高于制造业行业全球价值链参与度平均水平的行业主要包括纺织业（行业编号 3）、石油加工及炼焦业（行业编号 6）、橡胶和塑料制品的制造（行业编号 9）以及电气机械及器材制造业（行业编号 14）等行业。而在 2014 年高于制造业行业全球价值链参与度平均水平的行业主要包括石油加工及炼焦业（行业编号 6）、化学品及化学制品的制造（行业编号 7）、电子及通信设备制造业（行业编号 13）、电气机械及器材制造业（行业编号 14）、交通运输设备制造业（行业编号 15）等行业。2000 年和 2014 年这些行业的变化在一定程度上反映了我国制造业内部结构的升级变化。从具体行业上来看，2014 年食品、饮料和烟草制品制造业（行业编码 1）、木质品制造业（行业编码 3）、造纸及纸制品业（行业编码 4）、医药制造业（行业编码 8）等行业的垂直专业化比率较低，分别为 0. 1296、0. 1693、0. 1938、0. 1421，虽然与 2000 年相比取得了较大增长，但仍然低于制造业行业的整体平均水平。化学品及化学制品的制造（行业编码 7）、基本金属的制造（行业编码 11）的垂直专业化比率在 2000 ~ 2014 年增幅较大，分别由 2000 年的 0. 1731、0. 1695 增长到 2014 年的 0. 2801、0. 3142。具体变化如图 5 – 5 及图 5 – 6 所示。

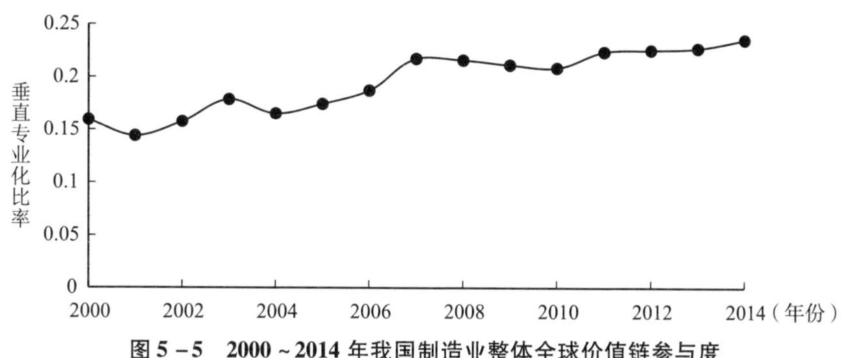

图 5 – 5　2000 ~ 2014 年我国制造业整体全球价值链参与度

资料来源：笔者根据相关数据测算结果整理。

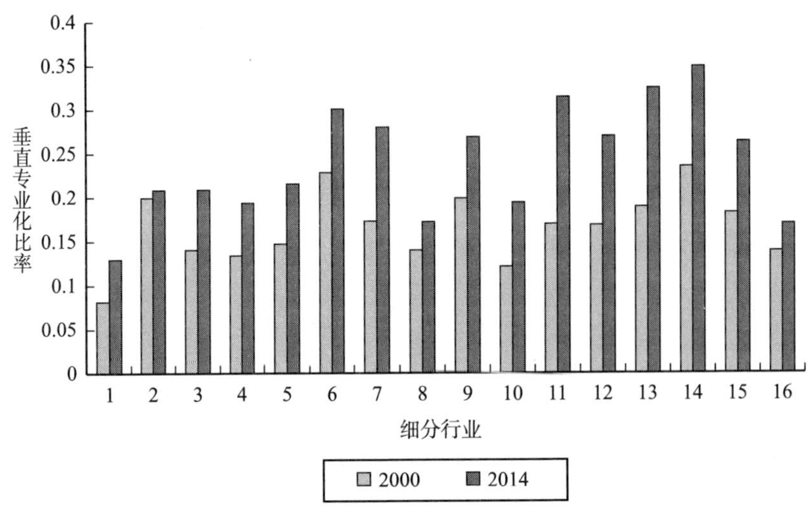

图5-6 2000年与2014年我国制造业细分行业全球价值链参与度比较

注：行业代码对应的制造业细分行业详见表5-1。
资料来源：笔者根据相关数据测算结果整理。

从全球价值链分工地位来看，2000~2014年以出口国内技术复杂度测度的我国制造业整体全球价值链分工地位呈现持续上升的态势，出口国内技术复杂度由2000年的1.6704万元上升到2014年的2.0516万元，15年间仅取得了0.38万元的增长，较为直观地反映了我国被锁定在全球价值链低端的现实困境。分时段来看，2000~2005年出口国内技术复杂度持续缓慢增长，2006~2010年出口国内技术复杂度增长基本停滞，2011年以后出现较快增长的趋势。从细分行业来看，以出口国内技术复杂度衡量的各行业全球价值链分工地位较为平均，各类型行业并没有较大的差异，这表明我国各制造业行业普遍处于全球价值链的低端，均面临着推动全球价值链升级的巨大压力。在2000年，高于制造业行业全球价值链分工地位平均水平的行业有食品、饮料和烟草制品的制造（行业编码1）、木材加工及竹、藤、棕、草制品业（行业编码3）、石油加工及炼焦业（行业编码6）、橡胶和塑料制品的制造（行业编码9）、工艺品及其他制造业（行业编码14）。在2014年，高于制造业行业全球价值链分工地位平均水平的行业有食品、饮料和烟草制品的制造（行业编码1）、印刷业、记录媒介的复制（行业编码 5）、化学品及化学制品的制造（行业编码 6）、橡胶和塑料制品的制造（行业编码 9）、电子及通信设备制造业（行业编码 13）。前后比较可以发现，电子及通信设备制造业（行业编码 13）在 2000 年至 2014 年出口国内技术复杂度增长较为显著，由 2000 年低于制造业平均水平的 1.5763 万元增长到 2.0534 万元。非金属矿物制品业（行业编码 10）虽然实现了由 2000 年的 1.0874 万元到 2014 年 1.8654 万元的增长，增长幅度位列各细分行业首位，但是仍低于制造业全球价值链分工地位的平均水平。具体变化如图 5－7 和图 5－8 所示。

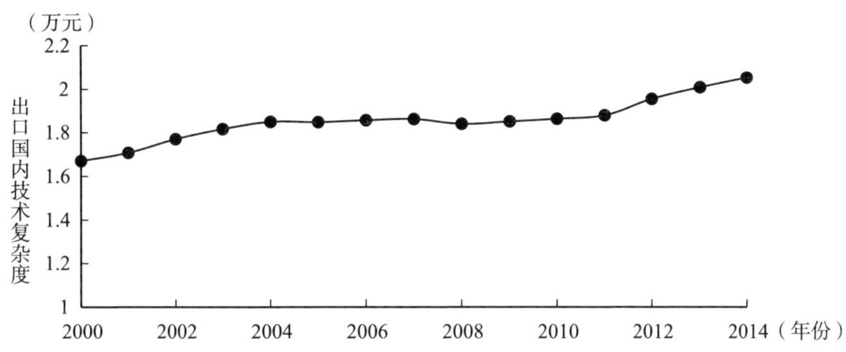

图 5－7　2000～2014 年我国制造业整体全球价值链分工地位测度

资料来源：笔者根据相关数据测算结果整理。

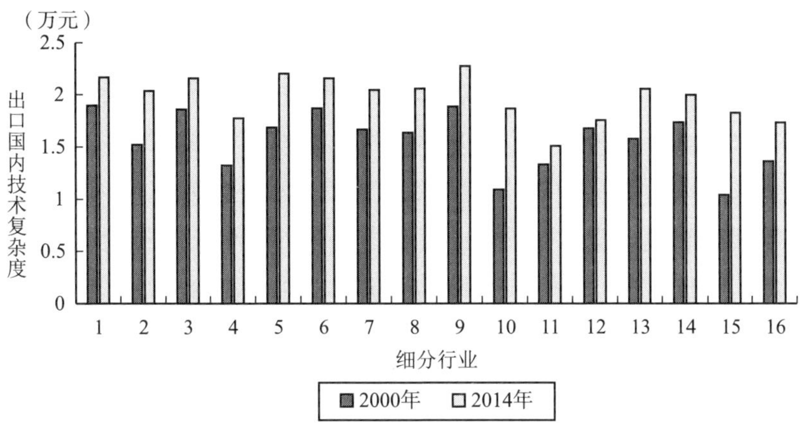

图 5－8　2000 年与 2014 年我国制造业细分行业全球价值链分工地位比较

注：行业代码对应的制造业细分行业详见表 5－1。
资料来源：笔者根据相关数据测算结果整理。

5.3 我国制造业服务化推动全球价值链升级的实证检验

5.3.1 计量模型及变量说明

依据前文中对于制造业服务化推动全球价值链升级的理论机制分析，设定构建计量模型如下：

$$GVC_{it} = \beta_0 + \beta_1 Serv_{it} + \beta_2 X_{it} + \varepsilon_{it} \tag{5.12}$$

式（5.12）中，GVC_{it}表示制造行业 i 在 t 年的全球价值链参与度或全球价值链地位，$Serv_{it}$表示制造行业 i 在 t 年的服务化程度，X_{it}表示控制变量，ε_{it}为随机扰动项。

根据研究设计，被解释变量 GVC_{it}表示全球价值链参与度和全球价值链地位，其中全球价值链参与度用垂直专业化比率 VSS_{it}来表示，全球价值链地位用出口国内技术复杂度指标 DTS_{it}来衡量，具体的测算过程及结果见5.2节。

核心解释变量制造业服务化程度 $Serv_{it}$用完全消耗系数 b_{ijt}表示。与直接消耗系数相比，完全消耗系数不仅包括制造行业单位产出中所直接投入的服务要素，还包括间接投入的服务要素，从而能够更加全面地反映制造业服务化的发展程度，具体的测算过程及结果见5.1节。

控制变量 X_{it}主要选取了行业劳动生产率、行业资本强度、行业国有化程度、行业对外开放度以及行业集中度，选取依据分析如下。

行业劳动生产率（$Labo_{it}$）。根据新新贸易理论，生产率是决定企业出口最重要的因素（Melitz，2003）[①]。因而具有较高生产效率的企业更倾向

① 梅里兹（Melitz，2003）通过对异质性产业动态模型的分析，结论表明生产率高的企业选择进行出口，而生产率低的企业留在国内市场。

于拓展国际业务，从而所在的行业具有更高的全球价值链参与度。同时，生产率高的行业往往具有更高的竞争力，因而在国际分工中能够获取更高的收益，对应的国际分工地位也越高。但是由于我国“出口 – 生产率悖论”存在（李春顶，2015）①，在进一步佐证行业生产效率对全球价值链参与度和分工地位影响的同时，使影响作用的方向和强弱成为研究重点。本部分采用行业总产值与行业从业人数的比值衡量行业劳动生产率。

行业资本强度（$Capt_{it}$）。行业资本强度是资本深化发展的表现。具有较高资本强度的行业更倾向于增加研发投入，推动生产设备的更新，实现由生产低端产品向生产高端产品的转变，不断提升行业的生产能力，从而对行业的全球价值链参与度和全球价值链分工地位产生积极影响。本部分采用行业固定资产净值与行业从业人数的比值来衡量行业资本强度。

行业国有化程度（$Stat_{it}$）。由于国有企业在政企关系上的优势以及经营目标的多重性，导致国有化程度高的行业市场化程度较低。当国有化程度较低时，市场化程度较高，市场价格成为决定生产要素等资源配置的决定因素，能够有效提升要素的流动性和配置效率，促进企业生产能力的提升，从而推动行业全球价值链升级。本部分采用国有控股企业总产值和行业总产值的比值来衡量行业国有化程度。

行业对外开放度（$Fore_{it}$）。行业对外开放度的提升一方面通过溢出效应推动行业内企业的发展。通过外商企业的制造工艺和管理经验的模仿和学习，国内企业的生产制造能力得以提升，从而推动行业出口产品技术复杂度的增长。对外开放度的提升另一方面会产生竞争效应。随着行业对外开放程度的提升，行业的专利保护、契约执行效率等都将显著提高，有利于高技术复杂度产品的生产，从而提升行业全球价值链的分工地位。本部分采用外资及港澳企业总产值与行业总产值的比重来衡量行业对外开放度。

行业集中度（$Clus_{it}$）。行业集中度对全球价值链升级的作用是双面的。依靠行政垄断的厂商往往依赖对于市场的操纵获取超额利润，忽视技

① 基于中国工业企业数据库的众多实证研究发现我国出口企业的生产率低于国内市场的企业，与国际前沿核心观点相违背，被称为“出口 – 生产率悖论”。

术创新和产品的升级，导致行业整体国际竞争力的停滞甚至下降。而通过市场竞争实现垄断的企业往往具有更强的创新能力，通过充分发挥规模经济效应和网络经济效应，不断推动产品升级，积极开拓国际市场，从而实现行业全球价值链升级。本部分采用大型企业总产值与行业总产值的比值来衡量行业集中度。

模型涉及变量的选取与描述如表 5－3 所示。

表 5－3　　变量的选取与描述

变量	指标	指标的测度
被解释变量	垂直专业化比率（VSS_{it}）	5.2 节测度结果
	出口国内技术复杂度（DTS_{it}）	
核心解释变量	制造业服务化程度（$Serv_{it}$）	完全消耗系数，5.1 节测度结果
控制变量	行业劳动生产率（$Labo_{it}$）	行业总产值/行业从业人数
	行业资本强度（$Capt_{it}$）	行业固定资产净值/行业从业人数
	行业国有化程度（$Stat_{it}$）	国有控股企业总产值/行业总产值
	行业对外开放度（$Fore_{it}$）	外资及港澳企业总产值/行业总产值
	行业集中度（$Clus_{it}$）	大型企业总产值/行业总产值

资料来源：笔者整理。

控制变量数据均来自 2001～2015 年《中国统计年鉴》和《中国工业统计年鉴》。为消除各变量数值量级对回归结果中各变量参数可比性的影响，对出口国内技术复杂度以 10 万为单位进行衡量，对行业劳动生产率进行标准化处理，产值数据均以 2000 年为基期进行价格平减调整。同时，为降低异方差导致的估计偏误，对各变量进行取对数处理。最终，通过将各具体变量代入式（5.12）得到本书实际回归中所用的计量模型：

$$\ln VSS_{it} = \beta_0 + \beta_1 \ln Serv_{it} + \beta_2 \ln Labo_{it} + \beta_3 \ln Capt_{it} + \beta_4 \ln Fore_{it} + \beta_5 \ln Stat_{it} + \beta_6 \ln Fore_{it} + \beta_7 \ln Clus_{it} + \varepsilon_{it} \quad (5.13)$$

$$\ln DTS_{it} = \beta_8 + \beta_9 \ln Serv_{it} + \beta_{10} \ln Labo_{it} + \beta_{11} \ln Capt_{it} + \beta_{12} \ln Fore_{it} + \beta_{13} \ln Stat_{it} + \beta_{14} \ln Fore_{it} + \beta_{15} \ln Clus_{it} + \varepsilon_{it} \quad (5.14)$$

5.3.2　实证结果及分析

依照回归模型（5.13）和模型（5.14），本部分首先通过普通最小二乘估计（*OLS*）、固定效应面板模型（*FE*）、随机效应面板模型（*RE*）对制造业整体服务化推动全球价值链升级的作用程度进行实证分析，其次对不同的服务化类型推动全球价值链升级的作用程度进行实证分析，最后从不同的制造行业类型等视角进行稳健性检验，从而增强结论的可靠性。

5.3.2.1　整体服务化分析

表 5－4 和表 5－5 总结了制造业服务化推动全球价值链升级的基准回归结果，其中，列（1）是采用混合回归的估计结果，列（2）是采用固定效应模型的估计结果，列（3）是采用随机效应模型的估计结果，表 5－4 对应式（5.13），以全球价值链参与度为被解释变量，表 5－5 对应式（5.14），以全球价值链分工地位为被解释变量。

依据表 5－4 的估计结果，列（2）中对应的 F 检验值为 8.05，拒绝所有个体截距项为零的原假设，表明固定效应模型优于混合回归，列（3）对应的 Hausman 检验值为 43.26，拒绝个体截距项与解释变量不相关的原假设，表明固定效应模型优于随机效应模型。所以，选取固定效应模型的结果进行分析。实证结果表明，制造业服务化对全球价值链参与度具有显著的正向影响，在其他影响因素不变的前提下，制造业服务化水平每提升 1%，能够引起全球价值链参与度提高 0.1041%，显著性水平达到 1%。这一结果表明制造业服务化发展能够有效促进我国全球价值链参与度的提升，这与理论机制分析的结论是一致的。从控制变量的估计结果来看，劳动生产率的提高能够推动行业全球价值链参与度的提升，在其他因素不变的前提下，在 10% 的显著性水平上，行业劳动生产率提高 1%，能够引起全球价值链参与度提高 0.0299%。行业资本密集度和国有化比率对全球价值链参与度分别具有正向促进作用和反向抑制作用。这表明我国制造业行业仍面临着融资约束，国有体制改革仍需进一步推进。行业集中度和对外开放度提升能够有效提高全球价值链参与度，在其他因素不变的前提下，行业集中度每提升 1%，能够引起全球价值链参与度提高 0.0291%，显著性水平达到 1%。对外开放度每提升 1%，能够引起全球价值链参与度提高 0.0139%，显著性水平达到 5%。

表 5－4　我国制造业整体服务化影响全球价值链参与度的回归结果

变量	ln*VSS*		
	(1)	(2)	(3)
	混合 *OLS*	固定效应 *FE*	随机效应 *RE*
ln*Serv*	0.0882** (2.0483)	0.1041*** (3.3623)	0.0941** (2.2465)
lnLabo	0.0290* (1.7162)	0.0299* (1.8312)	0.0296* (1.9888)
lnCapt	0.1241 (0.2144)	0.1145* (1.7364)	0.1043 (0.2283)
ln*Stat*	−0.0245* (−1.6404)	−0.0450* (−1.9651)	−0.0048 (−0.256)
ln*Clus*	0.0263*** (4.3537)	0.0291*** (4.8021)	0.0280*** (4.6367)
ln*Fore*	0.0135* (1.8817)	0.0139** (2.3107)	0.0038* (1.7125)
Constant	0.0461*** (11.4366)	0.0454*** (12.6145)	0.0466*** (12.1799)
时间固定效应	—	Y	—
部门固定效应	—	Y	—
观测值	240	240	240
R^2	0.3040	0.3766	0.3498
F 检验	—	8.05***	—
Hausman 检验	—	—	43.26***

注：***、** 和 * 分别表示估计系数在 1%、5% 和 10% 的水平上显著；小括号内的数字为 *t* 统计量，Y 表示存在固定效应，—表示没有相应统计指标结果。

根据表5-5的回归结果，列（2）对应的F检验值为9.11，拒绝所有个体截距项为零的原假设，表明固定效应模型优于混合回归，列（3）对应的Hausman检验值为52.09，拒绝个体截距项与解释变量不相关的原假设，表明固定效应模型优于随机效应模型。因此，同样选择固定效应的结果进行回归。实证结果表明，制造业服务化对全球价值链地位具有显著的正向影响，在其他影响因素不变的前提下，制造业服务化水平每提升1%，能够引起全球价值链地位提高0.1146%，显著性水平达到1%，这与理论机制分析的结论同样是一致的。从控制变量的估计结果来看，劳动生产率的提高能够推动行业全球价值链地位的提升，在其他因素不变的前提下，在10%的显著性水平上，行业劳动生产率提高1%，能够引起全球价值链地位提高0.019%。行业资本密集度和国有化比率对全球价值链地位分别具有正向促进作用和反向抑制作用，在其他因素保持不变的前提下，行业资本密集度提升1%导致全球价值链地位提升0.1288%，国有化比率提升1%导致全球价值链地位降低0.0377%。行业集中度和对外开放度提高能够有效提升全球价值地位，在其他因素不变的前提下，行业集中度每提升1%，能够引起全球价值链地位提高0.0427%，显著性水平达到1%。对外开放度每提升1%，能够引起全球价值链地位提高0.0159%，显著性水平达到10%。

表5-5　我国制造业整体服务化影响全球价值链地位的回归结果

变量	ln*DTS*		
	（1）	（2）	（3）
	混合 *OLS*	固定效应 *FE*	随机效应 *RE*
ln*Serv*	0.1335* （1.7402）	0.1146*** （2.4244）	0.1238** （2.3445）
ln*Labo*	0.0193* （1.7643）	0.0190* （1.8425）	0.0184* （1.8955）
ln*Capt*	0.1248* （1.9672）	0.1228*** （3.9037）	0.1185*** （3.7671）

续表

变量	lnDTS		
	(1)	(2)	(3)
	混合 OLS	固定效应 FE	随机效应 RE
ln*Stat*	-0.0399*** (-4.4484)	-0.0377* (-1.7773)	-0.0329 (-1.2241)
ln*Clus*	0.0434*** (4.7268)	0.0427*** (4.6511)	0.0412*** (4.4883)
ln*Fore*	0.0141 (1.0272)	0.0159* (1.9107)	0.0134* (2.0754)
Constant	0.0974*** (6.4718)	0.0735*** (6.3682)	0.0219*** (6.1453)
时间固定效应	—	Y	—
部门固定效应	—	Y	—
观测值	240	240	240
R^2	0.4665	0.4590	0.4430
F 检验	—	9.11***	—
Hausman 检验	—	—	52.09***

注：***、**和*分别表示估计系数在1%、5%和10%的水平上显著；小括号内的数字为 *t* 统计量，Y 表示存在固定效应，—表示没有相应统计指标结果。

5.3.2.2 不同服务化类型分析

（1）制造业流通服务化。表 5-6 总结了制造业流通服务化推动全球价值链升级的回归结果，其中，列（1）~列（3）以全球价值链参与度为被解释变量；列（4）~列（6）以全球价值链分工地位为被解释变量；列（1）和列（4）是采用混合回归的估计结果，列（2）和列（5）是采用固定效应模型的估计结果，列（3）和列（6）是采用随机效应模型估计的结果，表 5-6 对应式（5.13），以全球价值链参与度为被解释变量。依据表 5-6 的估计结果，列（2）中对应的 F 检验值为 9.67，拒绝所有个体截距项为零的原假设，表明固定效应模型优于混合回归，列（3）对应的 Hausman 检验值为 33.24，拒绝个体截距项与解释变量不相关的原假设，表明固定效应模型优于随机效应模型。所以，选取固定效应模型的结果进行分析。实证结果表明，制造业流通服务化对全球价值链参与度具有显著的正向影响，在其他影响因素不变的前提下，制造业流通服务化水平每提升1%，能够引起全球价值链参与度提高0.1013%，显著性水平达到1%，这与理论机制分析的结论是一致的。从控制变量的估计结果来看，劳动生产率的提高能够推动行业全球价值链参与度的提升，在其他因素不变的前提下，在5%的显著性水平上，行业劳动生产率提高1%，能够引起全球价值链参与度提高0.0296%。行业集中度、行业资本强度和对外开放度提升能够有效提高全球价值链参与度，在其他因素不变的前提下，行业集中度每提升1%，能够引起全球价值链参与度提高0.0194%，显著性水平达到1%。行业资本强度每提升1%，能够引起全球价值链参与度提高0.1301%，显著性水平达到1%。对外开放度每提升1%，能够引起全球价值链参与度提高0.0154%，显著性水平为10%。行业固有化程度对全球价值链参与度存在负向作用，但显著性水平较低。

表5-6　我国制造业流通服务化影响全球价值链升级的回归结果

变量	ln*VSS*			ln*DTS*		
	(1)	(2)	(3)	(4)	(5)	(6)
	混合 *OLS*	固定效应 *FE*	随机效应 *RE*	混合 *OLS*	固定效应 *FE*	随机效应 *RE*
ln*Serv*	0.0902** (2.3562)	0.1013*** (3.1653)	0.1025*** (3.1245)	0.1105* (1.6401)	0.1026*** (4.4271)	0.1133* (1.8321)
ln*Labo*	0.0180* (1.9162)	0.0296** (2.3314)	0.0297* (1.8132)	0.0143* (1.8421)	0.0156** (1.9424)	0.0162** (1.7965)
ln*Capt*	0.1441 (0.2144)	0.1145* (1.6364)	0.1055 (0.2721)	0.1301* (1.8924)	0.1324*** (5.5428)	0.1297*** (4.3264)
ln*Stat*	-0.0224* (-1.9401)	-0.0341* (-1.9860)	-0.0342 (-0.3022)	-0.0215 (-0.4484)	-0.0306* (-1.9773)	-0.0273 (-0.8041)
ln*Clus*	0.0162* (2.0537)	0.0194*** (4.5022)	0.0208*** (3.6353)	0.0336*** (3.5217)	0.0236* (1.9032)	0.0351* (1.6231)
ln*Fore*	0.0121* (1.9805)	0.0154* (1.8107)	0.0166* (1.9125)	0.0122* (1.5318)	0.0131* (1.9109)	0.0107* (1.904)

续表

变量	lnVSS			lnDTS		
	(1)	(2)	(3)	(4)	(5)	(6)
	混合 *OLS*	固定效应 *FE*	随机效应 *RE*	混合 *OLS*	固定效应 *FE*	随机效应 *RE*
Constant	0.6463 *** (7.4332)	0.9078 *** (5.9694)	0.8466 *** (7.1794)	0.1235 *** (17.4718)	0.09945 *** (26.7597)	0.0219 *** (16.2315)
时间固定效应	—	Y	—	—	Y	—
部门固定效应	—	Y	—	—	Y	—
观测值	240	240	240	240	240	240
R^2	0.3078	0.3273	0.2997	0.3732	0.5136	0.4327
F 检验	—	9.67 ***	—	—	12.07 ***	—
Hausman 检验	—	—	33.24 ***	—	—	43.23 ***

注：***、** 和 * 分别表示估计系数在 1%、5% 和 10% 的水平上显著；小括号内的数字为 *t* 统计量，Y 表示存在固定效应，—表示没有相应统计指标结果。

根据表 5-6 的回归结果，列（5）对应的 F 检验值为 12.07，拒绝所有个体截距项为零的原假设，表明固定效应模型优于混合回归，列（6）对应的 Hausman 检验值为 43.23，拒绝个体截距项与解释变量不相关的原假设，表明固定效应模型优于随机效应模型。因此，同样选择固定效应的结果进行回归。实证结果表明，制造业流通服务化对全球价值链地位具有显著的正向影响，在其他影响因素不变的前提下，制造业流通服务化水平每提升 1%，能够引起全球价值链地位提高 0.1026%，显著性水平达到 1%。从控制变量的估计结果来看，劳动生产率的提高能够推动行业全球价值链地位的提升，在其他因素不变的前提下，在 5% 的显著性水平上，行业劳动生产率每提高 1%，能够引起全球价值链地位提高 0.0156%。行业资本密集度和国有化比率对全球价值链地位分别具有正向促进作用和反向抑制作用，在其他因素保持不变的前提下，行业资本密集度提升 1% 导致全球价值链地位提升 0. 1324% ，国有化比率提升 1% 导致全球价值链地位降低 0. 0306% 。行业集中度和对外开放度提高能够有效提升全球价值链地位，在其他因素不变的前提下，行业集中度每提升 1% ，能够引起全球价值链地位提高 0. 0236% ，显著性水平为 10% 。对外开放度每提升 1% ，能够引起全球价值链地位提高 0. 0131% ，显著性水平达到 10% 。

（2）制造业商务服务化。表 5 – 7 总结了我国制造业商务服务化推动全球价值链升级的回归结果。依据表 5 – 7 的估计结果，列（2）对应的 F 检验值为 9. 02，拒绝所有个体截距项为零的原假设，表明固定效应模型优于混合回归，列（3）对应的 Hausman 检验值为 39. 17，拒绝个体截距项与解释变量不相关的原假设，表明固定效应模型优于随机效应模型，所以仍选取固定效应模型的结果进行分析。实证结果表明，制造业商务服务化对全球价值链参与度具有显著的正向影响，在其他影响因素不变的前提下，制造业商务服务化水平每提升 1% ，能够引起全球价值链参与度提高 0. 1123% ，显著性水平达到 1% 。从控制变量的估计结果来看，在其他因素不变的前提下，行业劳动生产率、行业集中度和对外开放度的提升能够有效提高全球价值链参与度。根据表 5 – 7 的回归结果，列（5）对应的 F 检验值为 18. 16，拒绝所有个体截距项为零的原假设，表明固定效应模型优于混合回归，列（6）对应的 Hausman 检验值为 47. 32，拒绝个体截距项与解释变量不相关的原假设，表明固定效应模型优于随机效应模型。因此，同样选择固定效应的结果进行回归。实证结果表明，制造业商务服务化对全球价值链地位具有显著的正向影响，在其他影响因素不变的前提下，制造业商务服务化水平每提升 1% ，能够引起全球价值链地位提高 0. 1101% ，显著性水平达到 5% 。从控制变量的估计结果来看，行业劳动生产率、行业资本密集度、对外开放度等对全球价值链地位具有正向促进作用，国有化率上升抑制全球价值链地位的提升，行业集中度的作用不显著。

表 5 -7　　我国制造业商务服务化影响全球价值链升级的回归结果

变量	lnVSS			lnDTS		
	(1)	(2)	(3)	(4)	(5)	
	混合 OLS	固定效应 FE	随机效应 RE	混合 OLS	固定效应 FE	随机效应 RE
lnServ	0. 0975 *** (5. 5442)	0. 1123 *** (7. 7919)	0. 1072 *** (6. 3425)	0. 1335 * (1. 7402)	0. 1101 ** (2. 0414)	0. 1238 * (1. 7445)
lnLabo	0. 0290 ** (2. 3167)	0. 0299 ** (2. 2597)	0. 0296 ** (2. 3021)	0. 0173 (1. 4325)	0. 0183 * (1. 8342)	0. 0179 (1. 3853)
lnCapt	0. 1753 (0. 6553)	0. 1551 * (1. 9369)	0. 1332 (0. 8289)	0. 1386 * (1. 8642)	0. 1565 *** (3. 7543)	0. 1297 *** (3. 4331)
lnStat	-0. 0332 * (-1. 9407)	-0. 0461 * (-1. 9655)	-0. 0421 (-1. 2564)	-0. 0377 (-1. 4468)	-0. 0285 * (-1. 698)	-0. 0376 * (-1. 6283)
lnClus	0. 0277 ** (2. 3544)	0. 0239 * (2. 0132)	0. 0258 ** (2. 2363)	0. 0376 (0. 7268)	0. 0342 (0. 8622)	0. 0325 (0. 4521)
lnFore	0. 0149 (1. 0815)	0. 0122 ** (2. 2579)	0. 0137 * (2. 3129)	0. 0206 ** (2. 3278)	0. 0179 *** (4. 2354)	0. 0182 *** (3. 7326)
Constant	0. 0461 *** (17. 5454)	0. 0854 *** (15. 7761)	0. 0759 *** (16. 3346)	0. 0135 *** (3. 2718)	0. 0126 *** (2. 1327)	0. 0231 *** (4. 5622)
时间固定效应	—	Y	—	—	Y	—
部门固定效应	—	Y	—	—	Y	—
观测值	240	240	240	240	240	240
R^2	0. 4066	0. 4528	0. 4759	0. 3021	0. 3709	0. 2756
F 检验	—	9. 02 ***	—	—	18. 16 ***	—
Hausman 检验	—	—	39. 17 ***	—	—	47. 32 ***

注：***、** 和 * 分别表示估计系数在 1%、5% 和 10% 的水平上显著；小括号内的数字为 t 统计量，Y 表示存在固定效应，—表示没有相应统计指标结果。

(3) 制造业金融服务化。表 5 -8 总结了我国制造业金融服务化推动全球价值链升级的回归结果。依据表 5 -8 的估计结果，列 (2) 中对应的

F 检验值为 8.35，拒绝所有个体截距项为零的原假设，表明固定效应模型优于混合回归，列（3）对应的 Hausman 检验值为 39.45，拒绝个体截距项与解释变量不相关的原假设，表明固定效应模型优于随机效应模型，所以仍选取固定效应模型的结果进行分析。实证结果表明，制造业金融服务化对全球价值链参与度具有显著的正向影响，在其他影响因素不变的前提下，制造业金融服务化水平每提升 1%，能够引起全球价值链参与度提高 0.0843%，显著性水平达到 1%。从控制变量的估计结果来看，在其他因素不变的前提下，行业劳动生产率、行业集中度和对外开放度的提升能够有效提高全球价值链参与度。根据表 5 - 8 的回归结果，列（5）对应的 F 检验值为 15.09，拒绝所有个体截距项为零的原假设，表明固定效应模型优于混合回归，列（6）对应的 Hausman 检验值为 43.24，拒绝个体截距项与解释变量不相关的原假设，表明固定效应模型优于随机效应模型。因此，同样选择固定效应的结果进行回归。实证结果表明，制造业金融服务化对全球价值链地位具有显著的正向影响，在其他影响因素不变的前提下，制造业金融服务化水平每提升 1%，能够引起全球价值链地位提高 0.1332%，显著性水平达到 5%。从控制变量的估计结果来看，行业劳动生产率、行业资本密集度、对外开放度、行业集中度等对全球价值链地位具有正向促进作用，国有化程度的作用不显著。

表 5 - 8　我国制造业金融服务化影响全球价值链升级的回归结果

变量	ln*VSS*			ln*DTS*		
	(1)	(2)	(3)	(4)	(5)	(6)
	混合 *OLS*	固定效应 *FE*	随机效应 *RE*	混合 *OLS*	固定效应 *FE*	随机效应 *RE*
ln*Serv*	0.0796*** (3.6795)	0.0843*** (5.0531)	0.0807*** (4.0061)	0.1257* (1.8029)	0.1332** (2.1006)	0.1401* (1.9083)
ln*Labo*	0.0185* (1.9155)	0.0206* (1.8963)	0.0217* (1.9768)	0.0176** (2.3645)	0.0194*** (2.7854)	0.0179*** (3.4521)
ln*Capt*	0.1094 (0.1659)	0.1158* (2.0671)	0.1742* (0.2103)	0.1344* (1.5673)	0.1521* (1.6032)	0.1423** (1.9679)

续表

变量	lnVSS			lnDTS		
	(1)	(2)	(3)	(4)	(5)	(6)
	混合 OLS	固定效应 FE	随机效应 RE	混合 OLS	固定效应 FE	随机效应 RE
lnStat	-0.0105 (-1.075)	-0.0375* (-1.9653)	-0.0048* (-0.1897)	-0.0521 (-0.4673)	-0.0439 (-0.5635)	-0.0442 (-0.4521)
lnClus	0.0209** (2.3864)	0.0215*** (3.5762)	0.0223** (2.257)	0.0276* (1.9078)	0.0305** (2.0543)	0.0323* (1.8954)
lnFore	0.0186* (1.9818)	0.0175** (2.3107)	0.0144* (1.8865)	0.0141* (1.7731)	0.0162** (2.026)	0.0157** (2.044)
Constant	0.0779*** (10.3561)	0.0957*** (8.5893)	0.0879*** (9.1787)	0.0743*** (5.8642)	0.0467*** (6.5632)	0.0677*** (9.437)
时间固定效应	—	Y	—	—	Y	—
部门固定效应	—	Y	—	—	Y	—
观测值	240	240	240	240	240	240
R^2	0.3545	0.4281	0.3916	0.3421	0.4590	0.3859
F 检验	—	8.35***	—	—	15.09***	—
Hausman 检验	—	—	39.45***	—	—	43.24***

注：***、** 和 * 分别表示估计系数在 1%、5% 和 10% 的水平上显著；小括号内的数字为 t 统计量，Y 表示存在固定效应，—表示没有相应统计指标结果。

（4）制造业科技服务化。表 5-9 总结了我国制造业科技服务化推动全球价值链升级的回归结果。依据表 5-9 的估计结果，列（2）中对应的 F 检验值为 8.05，拒绝所有个体截距项为零的原假设，表明固定效应模型优于混合回归，列（3）对应的 Hausman 检验值为 56.78，拒绝个体截距项与解释变量不相关的原假设，表明固定效应模型优于随机效应模型，所以仍选取固定效应模型的结果进行分析。实证结果表明，制造业科技服务化对全球价值链参与度具有显著的正向影响，在其他影响因素不变的前提下，制造业科技服务化水平每提升 1%，能够引起全球价值链参与度提高 0. 1023%，显著性水平达到 1%。从控制变量的估计结果来看，在其他因素不变的前提下，行业劳动生产率、行业集中度和对外开放度的提升能够有效提高全球价值链参与度。根据表 5 –9 的回归结果，列（5）对应的 F 检验值为 10. 12，拒绝所有个体截距项为零的原假设，表明固定效应模型优于混合回归，列（6）对应的 Hausman 检验值为 51. 12，拒绝个体截距项与解释变量不相关的原假设，表明固定效应模型优于随机效应模型。因此，同样选择固定效应的结果进行回归。实证结果表明，制造业科技服务化对全球价值链地位具有显著的正向影响，在其他影响因素不变的前提下，制造业科技服务化水平每提升 1%，能够引起全球价值链地位提高 0. 0932%，显著性水平达到 1%。从控制变量的估计结果来看，行业劳动生产率、行业资本密集度、对外开放度、行业集中度等对全球价值链地位具有正向促进作用，国有化程度对全球价值链地位提升具有抑制作用。

表 5 –9　我国制造业科技服务化影响全球价值链参与度的回归结果

变量	ln*VSS*			ln*DTS*		
	(1)	(2)	(3)	(4)	(5)	(6)
	混合 *OLS*	固定效应 *FE*	随机效应 *RE*	混合 *OLS*	固定效应 *FE*	随机效应 *RE*
ln*Serv*	0. 0879 * (1. 9473)	0. 1023 *** (3. 0123)	0. 104 *** (2. 9065)	0. 1977 ** (2. 0102)	0. 0932 *** (2. 6288)	0. 1466 * (1. 8008)
ln*Labo*	0. 0298 (0. 9186)	0. 0329 * (1. 8472)	0. 0306 * (1. 7902)	0. 0203 * (1. 9022)	0. 0202 * (1. 7988)	0. 0214 * (1. 8011)
ln*Capt*	0. 1199 (0. 1984)	0. 0955 * (1. 9034)	0. 0998 (1. 2301)	0. 1198 ** (2. 0672)	0. 1576 *** (4. 0037)	0. 1085 *** (4. 2665)
ln*Stat*	–0. 0195 * (–1. 3434)	–0. 0540 * (–1. 6313)	–0. 0059 (–1. 3872)	–0. 041 *** (–4. 3921)	–0. 0291 ** (–2. 3412)	–0. 2819 * (1. 9962)
ln*Clus*	0. 0329 *** (4. 0461)	0. 0341 *** (5. 0012)	0. 0320 *** (3. 9535)	0. 0762 *** (5. 2091)	0. 0489 *** (4. 9003)	0. 3977 *** (4. 9432)

续表

变量	ln*VSS*			ln*DTS*		
	(1)	(2)	(3)	(4)	(5)	(6)
	混合 *OLS*	固定效应 *FE*	随机效应 *RE*	混合 *OLS*	固定效应 *FE*	随机效应 *RE*
ln*Fore*	0. 0095 (1. 1991)	0. 0142 * (1. 9197)	0. 0113 * (1. 8342)	0. 0171 (1. 3012)	0. 0198 * (1. 6751)	0. 0143 * (1. 9083)
Constant	0. 0983 *** (9. 5342)	0. 0792 *** (11. 4327)	0. 0686 *** (14. 1689)	0. 1034 *** (7. 1038)	0. 1135 *** (5. 9972)	0. 1321 *** (5. 9953)
时间固定效应	—	Y	—	—	Y	—
部门固定效应	—	Y	—	—	Y	—
观测值	240	240	240	240	240	240
R^2	0. 3290	0. 4033	0. 3765	0. 3925	0. 4090	0. 4521
F 检验	—	8. 05 ***	—	—	10. 12 ***	—
Hausman 检验	—	—	56. 78 ***	—	—	51. 12 ***

注：***、** 和 * 分别表示估计系数在 1%、5% 和 10% 的水平上显著；小括号内的数字为 *t* 统计量，Y 表示存在固定效应，—表示没有相应统计指标结果。

（5）制造业信息服务化。表 5 - 10 总结了我国制造业信息服务化推动全球价值链升级的回归结果。依据表 5 - 10 的估计结果，列（2）中对应的 F 检验值为 7. 95，拒绝所有个体截距项为零的原假设，表明固定效应模型优于混合回归，列（3）对应的 Hausman 检验值为 42. 56，拒绝个体截距项与解释变量不相关的原假设，表明固定效应模型优于随机效应模型，所以仍选取固定效应模型的结果进行分析。实证结果表明，制造业信息服务化对全球价值链参与度具有显著的正向影响，在其他影响因素不变的前提下，制造业信息服务化水平每提升 1%，能够引起全球价值链参与度提高 0. 1073%，显著性水平达到 1%。从控制变量的估计结果来看，行业劳动生产率、行业集中度和对外开放度的提升能够有效提高全球价值链参与度，国有化比率的提升对于全球价值链参与度具有负向作用。根据表 5 - 10 的回归结果，列（5）对应的 F 检验值为 10.79，拒绝所有个体截距项为零的原假设，表明固定效应模型优于混合回归，列（6）对应的 Hausman 检验值为 38.19，拒绝个体截距项与解释变量不相关的原假设，表明固定效应模型优于随机效应模型。因此，同样选择固定效应的结果进行回归。实证结果表明，制造业信息服务化对全球价值链地位具有显著的正向影响，在其他影响因素不变的前提下，制造业信息服务化水平每提升 1%，能够引起全球价值链地位提高 0.1227%，显著性水平达到 1%。从控制变量的估计结果来看，行业劳动生产率、行业资本密集度、对外开放度、行业集中度等因素对全球价值链地位具有正向促进作用，而行业国有化程度对全球价值链地位具有负向作用，这与整体分析的结果是一致的。

表 5 - 10　我国制造业信息服务化影响全球价值链参与度的回归结果

变量	ln*VSS*			ln*DTS*		
	(1)	(2)	(3)	(4)	(5)	(6)
	混合 *OLS*	固定效应 *FE*	随机效应 *RE*	混合 *OLS*	固定效应 *FE*	随机效应 *RE*
ln*Serv*	0.0792 * (2.183)	0.1073 *** (3.6689)	0.095 * (1.9424)	0.1279 * (1.7092)	0.1227 *** (2.9744)	0.1768 * (1.9763)
ln*Labo*	0.0460 * (1.6154)	0.0323 * (1.6019)	0.0276 (1.288)	0.0175 * (1.9876)	0.0196 * (1.9973)	0.0184 * (1.8453)
ln*Capt*	0.2141 (0.1885)	0.1341 * (1.9241)	0.0987 (1.2763)	0.1312 ** (2.0172)	0.1308 *** (4.0037)	0.1285 *** (3.9671)
ln*Stat*	-0.0367 (-1.2583)	-0.0278 * (-1.8921)	-0.0203 * (-0.1943)	-0.0401 * (-1.8504)	-0.0425 ** (-2.7674)	-0.1829 * (-1.9041)
ln*Clus*	0.0214 *** (5.1017)	0.0289 *** (4.8021)	0.0271 *** (4.1037)	0.0504 *** (4.8163)	0.0397 *** (4.3925)	0.0287 *** (4.4162)
ln*Fore*	0.0102 (1.2579)	0.0178 ** (2.8941)	0.0174 * (1.7964)	0.0991 * (1.9932)	0.0209 * (1.8020)	0.0174 * (2.0754)

续表

变量	lnVSS			lnDTS		
	(1)	(2)	(3)	(4)	(5)	(6)
	混合 OLS	固定效应 FE	随机效应 RE	混合 OLS	固定效应 FE	随机效应 RE
Constant	0.0754 *** (10.8723)	0.0301 *** (11.2312)	0.0654 *** (12.1077)	0.0974 *** (6.4718)	0.0735 *** (6.3682)	0.0895 *** (5.9453)
时间固定效应	—	Y	—	—	Y	—
部门固定效应	—	Y	—	—	Y	—
观测值	240	240	240	240	240	240
R^2	0.3125	0.4085	0.2729	0.4733	0.5690	0.2339
F 检验	—	7.95 ***	—	—	10.79 ***	—
Hausman 检验	—	—	42.56 ***	—	—	38.19 ***

注：***、** 和 * 分别表示估计系数在 1%、5% 和 10% 的水平上显著；小括号内的数字为 *t* 统计量，Y 表示存在固定效应，—表示没有相应统计指标结果。

5.3.2.3 稳健性分析

本部分从不同制造业类型、被解释变量的时间自相关性两个角度对制造业服务化发展的全球价值链升级效应进行稳健性检验。实证结果均表明制造业服务化发展对于推动我国全球价值链参与度，以及全球价值链分工地位的分析具有稳健性。

（1）不同制造业类型的分组回归。制造业内部之间存在着较大的差异，因此通过对不同制造业类型的分组回归能够进一步验证实证结论的可靠性。本部分借鉴樊茂清等（2014）、戴翔（2016）的方法，依照行业的要素密集度特征将 16 个细分制造行业分为劳动密集型制造业、资本密集型制造业和技术密集型制造业。① 具体分类如表 5 – 11 所示。

① 樊茂清、黄薇（2014）对 35 个制造业细分行业进行了类型划分，戴翔（2016）对 14 个制造业细分行业进行了类型划分，本书通过与这两篇文章中行业名称进行对照，将 16 个制造业细分行业划分为三种类型。

表5－11　　制造业行业分类总结

产业分类	行业
劳动密集型制造业	C10～C12食品、饮料和烟草制品的制造；C13～C15纺织品、服装、皮革和相关产品的制造；C16木材、木材制品及软木制品的制造（家具除外）、草编制品及编织材料物品的制造；C17纸和纸制品的制造；C18记录媒介物的印制及复制；C19焦炭和精炼石油产品的制造；C31～C32家具的制造、其他制造业
资本密集型制造业	C20化学品及化学制品的制造；C22橡胶和塑料制品的制造；C23其他非金属矿物制品的制造；C24基本金属的制造；C25金属制品的制造，但机械设备除外；C29汽车、挂车和半挂车的制造；C30其他运输设备的制造
技术密集型制造业	C21基本医药产品和医药制剂的制造；C26计算机、电子产品和光学产品的制造；C27电力设备的制造

资料来源：笔者整理。

表5－12汇报了不同要素密集型制造业服务化发展推动全球价值链升级的实证结果。其中，列（1）是劳动密集型行业的估计结果，列（2）是资本密集型行业的估计结果，列（3）是技术密集型行业的估计结果，列（1）～列（3）对应式（5－13），以全球价值链参与度为被解释变量，列（4）～列（6）对应式（5－14），以全球价值链分工地位为被解释变量。根据各类型回归结果中对应的F检验值和Hausman检验值，均拒绝了"所有个体截距项为零"和"个体截距项与解释变量不相关"的原假设，因此应当采用固定效应模型进行回归。

表5－12　不同要素密集型制造行业服务化影响全球价值链升级的回归结果

变量	ln*VSS*			ln*DTS*		
	(1)	(2)	(3)	(4)	(5)	(6)
制造业行业分组	劳动密集型行业	资本密集型行业	技术密集型行业	劳动密集型行业	资本密集型行业	技术密集型行业
ln*Serv*	0.0683** (1.3483)	0.1173*** (2.6326)	0.1042*** (3.3758)	0.1334** (1.6403)	0.1247*** (2.1532)	0.1358** (4.3254)

续表

变量	lnVSS			lnDTS		
	(1)	(2)	(3)	(4)	(5)	(6)
制造业行业分组	劳动密集型行业	资本密集型行业	技术密集型行业	劳动密集型行业	资本密集型行业	技术密集型行业
ln*Labo*	0.0357 * (1.0768)	0.0185 * (1.2431)	0.0237 * (1.3096)	0.0206 * (1.2786)	0.0175 * (1.4327)	0.0167 * (1.3231)
ln*Capt*	0.1267 *** (2.1192)	0.1049 ** (1.7395)	0.1101 * (0.2411)	0.1112 *** (3.1838)	0.133 *** (3.6265)	0.1427 *** (4.5356)
ln*Stat*	-0.0234 * (-1.1871)	-0.0509 ** (-1.4321)	-0.0251 (0.2703)	-0.0428 *** (-4.7731)	-0.0354 ** (1.6511)	-0.0396 * (1.4738)
ln*Clus*	0.0252 *** (4.1665)	0.0329 *** (5.436)	0.0296 *** (4.8964)	0.0461 *** (5.0719)	0.0397 *** (4.3209)	0.0496 *** (5.4039)
ln*Fore*	0.0129 * (1.2266)	0.0157 *** (2.6157)	0.004 * (1.386)	0.0151 * (1.1022)	0.0148 (0.9389)	0.0161 *** (2.4988)
Constant	0.0441 *** (10.9448)	0.0514 *** (14.2796)	0.0492 *** (12.862)	0.1045 *** (6.9442)	0.0683 *** (5.9161)	0.0264 *** (7.3989)
时间固定效应	Y	Y	Y	Y	Y	Y
部门固定效应	Y	Y	Y	Y	Y	Y
R^2	0.2940	0.2845	0.2879	0.3175	0.3327	0.3217
F 检验	17.58 ***	11.45 ***	25.41 ***	12.46 ***	21.27 ***	17.54 ***
Hausman 检验	77.46 ***	67.31 ***	83.42 ***	85.36 ***	48.39 ***	76.24 ***

注：***、** 和 * 分别表示估计系数在 1%、5% 和 10% 的水平上显著；小括号内的数字为 *t* 统计量，Y 表示存在固定效应，—表示没有相应统计指标结果。

从表 5-12 中以垂直专业化比率衡量的全球价值链参与度为被解释变量的回归结果来看，服务化发展均能够显著推动各类型制造业全球价值链参与度的提升，但在作用的大小和显著性水平上存在差异。具体来看，在其他条件不变的前提下，劳动密集型制造业服务化水平提升 1%，能够推动全球价值链参与度提高0.0683%，显著性水平达到5%；资本密集型制造业服务化水平提升1%，能够推动全球价值链参与度提高0.1173%，显著性水平达到1%；技术密集型制造业服务化水平提升1%，能够推动全球价值链参与度提高0.1042%，显著性水平达到1%。从不同要素密集型制造业行业作用效果的比较来看，资本密集型行业最高，技术密集型行业次之，劳动密集型行业最低。从控制变量来看，行业劳动生产率、行业资本强度、行业对外开放度、行业集中度等均对行业价值链参与度存在正向促进作用，国有化程度对行业价值链参与度存在负向抑制作用，这与整体回归的结论是一致的，从而增强了结论的可靠性。从表5-12中以出口国内技术复杂度衡量的全球价值链地位为被解释变量的回归结果来看，服务化均能够显著推动各类型制造业全球价值链分工地位的提升，但在作用的大小和显著性水平上存在差异。具体来看，在其他条件不变的前提下，劳动密集型制造业服务化水平提升1%，能够推动全球价值链分工地位提高0.1334%，显著性水平达到5%；资本密集型制造业服务化水平提升1%，能够推动全球价值链分工地位提高0.1247%，显著性水平达到1%；技术密集型制造业服务化水平提升1%，能够推动全球价值链分工地位提高0.1358%，显著性水平达到5%。从作用的效果来看，劳动密集型行业最高，技术密集型行业次之，资本密集型行业最低。从控制变量来看，行业劳动生产率、行业资本强度、行业对外开放度、行业集中度等均对行业价值链分工地位存在正向促进作用，国有化程度对行业价值链分工地位存在负向抑制作用，这同样与整体回归的结论是一致的。

（2）动态面板模型估计。新新贸易理论认为已经参与到全球价值链中的制造企业支付了较多沉没成本，随着参与时间的推移积累了大量专业经验，从而导致参与全球价值链的行为存在持续性（Chaney，2008）。这导致制造业全球价值链参与度和分工地位会受到上一年发展状况的影响，因此在模型中引入被解释变量的滞后一期。控制变量的选取遵从式（5-13）和式（5-14）。同时，为了突出研究重点，对控制变量的估计结果未予以报告。为克服引入被解释变量的滞后一期后产生的内生性问题，本部分采用GMM两步法进行估计，具体估计结果如表5-13所示。从实证结果来看，Wald 联合显著性检验、Sargan – Hansen 检验均表明 GMM 两步法的估计结果是有效的。在其他条件不变的前提下，制造业服务化水平每提升 1%，能够引起全球价值链参与度提高 0.0852%，全球价值链地位提高 0.1330%，显著性水平均达到 1%。这进一步证明了结论的稳健性，制造业服务化发展能够显著推动全球价值链参与度和分工地位的提升。

表 5 – 13　　　　基于系统 GMM 方法的估计结果

变量	ln*VSS*	ln*DTS*
ln*Serv*	0.0852 *** (5.2079)	0.1330 *** (4.4536)
被解释变量滞后一期	0.0385 * (1.8282)	0.0251 * (1.9246)
控制变量	Y	Y
常数项	0.2304 *** (12.9365)	0.1974 *** (12.5357)
AR(1)	–26.421 ***	–21.7793 ***
AR(2)	1.0963	0.8548
Hansen J 统计量	71.9298 ***	85.7854 ***
Wald chi(2)	395.9164 ***	239.6692 ***

注：***、** 和 * 分别表示估计系数在 1%、5% 和 10% 的水平上显著；小括号内的数字为 t 统计量，—表示没有相应统计指标结果。

5.4　本章小结

5.1 节对我国制造业服务化水平进行了测度。首先对指标选取的依据进行了论证，并对测度方法进行具体说明，包括直接消耗系数和间接消耗系数。然后对指标测算中涉及的数据来源以及行业划分进行了说明，数据主要来源于 WIOD 数据库 2000 ~ 2014 年中国投入产出数据，共计 16 个制造业行业，5 种服务化类型。统计结果表明：第一，从纵向发展来看，我国制造业服务化水平总体呈现稳步上升态势。第二，从细分行业来看，我国各制造业行业服务化水平变化更加显著，行业间存在较大差异。第三，从不同服务化类型来看，我国各类制造业服务化水平 2000～2014 年均呈现上升态势，但在上升幅度以及在不同阶段的发展存在差异。第四，从制造业服务化的国际比较来看，我国制造业服务化水平不仅与发达国家之间存在较大差距，与印度、巴西等发展中国家业相比也存在不足。

5.2 节对我国全球价值链地位进行了测度。首先对指标选取的依据进行了论证，并对测度方法进行具体说明，然后对指标测算中涉及的数据来源以及行业划分进行了说明。垂直专业化比率用以测度全球价值链参与度，出口国内技术复杂度用以测度全球价值链分工地位。原始数据主要来源于世界投入产出表（WIOD）、联合国商品贸易统计数据库等。统计结果显示，第一，从全球价值链参与度来看，2000～2014 年我国制造业整体参与全球价值链的程度持续上升，各具体行业发展存在差异，反映了我国制造业内部结构的升级变化。第二，从全球价值链分工地位来看，2000～2014 年以出口国内技术复杂度测度的我国制造业整体全球价值链分工地位呈现持续上升的态势，各行业全球价值链分工地位较为平均，各类型企业并没有较大的差异，这表明我国各制造业行业均面临着推动全球价值链升级的巨大压力。

5.3 节对我国制造业服务化推动全球价值链升级进行了实证检验。首先构建了实证模型，并对模型中被解释变量、核心解释变量、控制变量的选取进行描述。其次，以实证模型为基础分别检验了制造业整体服务化和不同类型服务化对全球价值链升级的影响。结论表明，制造业整体服务化发展对全球价值链参与度和全球价值链分工地位具有显著的正向影响，各类型服务化均能够显著推动全球价值链参与度和分工地位的提升，但在作用的大小和显著性水平上存在差异。最后，通过对不同要素密集型制造业行业采用分组回归、动态面板模型估计等方式进行检验，实证结果表明结论是稳健的，我国制造业服务化能够推动全球价值链升级。

第6章　新工业革命背景下制造业服务化对全球价值链升级的作用趋势

2008年以来，一场以新一代信息技术创新及应用为核心的新工业革命逐步展开。为进一步分析新工业革命下制造业服务化对全球价值链升级的作用，本章首先对新工业革命中制造业服务化与全球价值链的发展趋势进行梳理，然后按照重构后的全球价值链分析制造业服务化对全球价值链升级的作用趋势。

6.1　制造业服务化的发展趋势

本部分首先从生产技术进步、消费需求变化、环境及要素成本变化三个方面分析新工业革命对制造业服务化的影响，然后分析了新工业革命作用下制造业服务化的发展特征及模式，具体逻辑如图6－1所示。

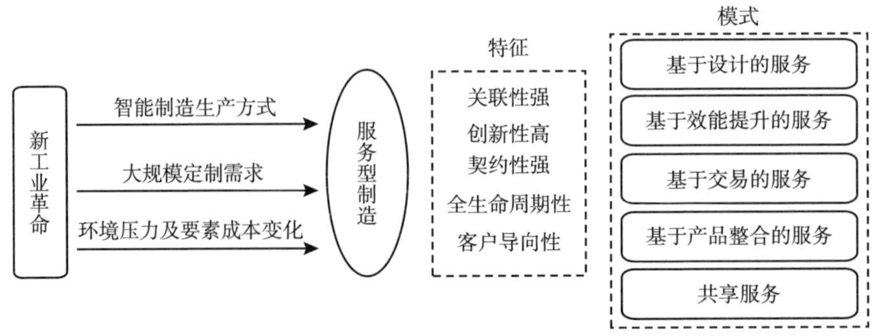

图6－1　新工业革命背景下的制造业服务化发展

资料来源：笔者绘制。

6.1.1 新工业革命驱动制造业服务化的机制

第一，新工业革命推动生产技术发生系统性的变革，催生新的生产制造方式。在新工业革命推动下，形成了物联网、云计算、大数据、人工智能等新一代信息技术为核心的基础性技术进步。① 这些基础性的技术创新彻底改变了过去的生产技术组成。随着新工业革命的发展，新一代信息技术内部、新一代信息技术与制造技术之间深度融合，实现了众多增量性技术进步，这些增量性技术进步与基础性技术进步共同组成了系统性的技术进步。在系统性的技术进步影响下，生产制造方式逐步变革，表现出新的发展特征。一方面，生产制造过程的智能化水平提升，智能制造逐步成为生产制造的发展方向。依靠新一代信息技术与生产设备组成的物理信息系统，智能制造实现了对原料、机器、生产线等工业数据的实时收集、集成和传输，并通过系统进行智能化的控制和决策，进而提升整个制造流程的智能化水平。另一方面，生产制造系统的优化目标进一步多样化，柔性化成为重要的目标。② 新的生产制造系统通过生产设备和生产线的动态组合，主动适应产品需求的变化，在提高产品产量和品质的同时，提升了产品生产的灵活性，缩短了新产品的制造周期，从而满足消费者快速多变的产品需求。由此可见，以新一代信息技术为依托，大量服务活动在智能制造系统中发挥着重要作用，这种作用不仅体现在新一代信息技术与制造设备的融合与集成中，还体现在智能制造系统多元优化目标的实现过程中。因此，智能制造技术的发展必将推动制造业服务化。

第二，新工业革命推动居民消费升级，进而推动制造业服务化。新工业革命对于居民消费的影响主要体现在消费观念、结构以及模式的变化。③

---

① 方新、余江（2002）认为技术创新分为基础性技术创新和增量性技术创新，两者共同组成系统性技术创新。本书按照该逻辑对新工业革命中的技术创新进行论述。

② 国际生产工程协会认为柔性制造是指在少量人为干预下，生产制造系统能够实现对多种类产品的生产。

③ 袁小慧、范金、王凯、刘金红（2015）从消费观念、结构以及模式三个方面分析了消费升级对我国产业升级的影响，本书借鉴该思路分析新工业革命下消费升级对制造业服务化的影响。

从消费观念演变上来看，新一代信息技术的应用丰富了消费者美学、科技等方面的知识，对于产品外观的创新性以及产品功能的智能化提出了更高要求，个性化需求逐步向定制需求转变。这种转变推动制造企业服务化转型，基于新一代信息技术应用将消费者纳入产品的设计过程中，从而更好地满足消费者需求。同时，在绿色消费等观念的影响下，消费者对于产品的生产及使用中的环境友好性以及产品所蕴含的文化理念更加重视，以期在产品消费中获得更强的满足感。从消费的结构来看，新工业革命在提升产品生产能力的同时进一步提高了居民的收入水平。居民对于饮食、穿着等生存型的消费需求进一步向交通、保健、教育、旅游等发展型、享受型的消费需求转变，对于饮食、穿着等生存型产品的品质要求进一步提升。从消费的模式来看，随着新一代信息技术的发展和应用，网络购物成为消费者进行消费的重要形式，各类平台成为消费者新的购物途径。同时，线上与线下相结合的体验式消费迅猛发展，通过商品的体验店，消费者能够更好地了解产品的性能等。新的消费模式使得服务活动在产品的价值实现过程中占据了更高的比重，从而进一步推动制造业服务化，并将催生大量新业态。

第三，新工业革命改变环境污染程度及要素需求结构，进而推动制造业服务化。新工业革命前，制造过程转移到发展中国家在很大程度上是因为制造环节产生巨大的污染，发展中国家沦为环境避难所。而研发与销售环节则因为环境友好度较高被保留在发达国家。新工业革命中先进的生产技术降低了环境污染程度，甚至实现了零污染，因此成为发达国家竞相争夺的生产环节。[①] 反观研发和销售环节需要更多的人力资本，人才集聚导致城市人口不断增长，形成城市生活垃圾、交通拥堵等诸多环境问题。因而，服务业与制造业环境压力的转变将推动各国重新选择主导产业。发达国家将重新推动工业发展，将部分服务业转移到发展中国家，这种产业转移将有利于在发达国家和发展中国家同时实现制造业与服务业的融合发

---

① 美国“再工业化”战略最初是为了摆脱 2008 年金融危机，但更是为了把握新工业革命带来的制造业发展契机。

展。从要素需求结构来看，新工业革命下技术创新推动了智能制造的发展，改变了原有的生产过程。加工制造等劳动密集型环节由于 3D 打印、智能机器人等技术的应用，逐步转变为技术密集型行业。发展中国家拥有的劳动力成本优势逐步消失。而发达国家依赖自身在制造技术上的领先，纷纷实施“再工业化”战略，重新建立起在制造领域的优势。相反，研发设计、营销管理等技术密集型环节由于新一代信息技术的推广普及，开放式创新的发展降低了研发设计环节的门槛。发达国家相继在中国、印度建立研发中心，以充分利用当地人力资本优势。这种发达国家和发展中国家分工的角色互换表明单纯的依赖服务业或者制造业发展已经不适用于新时期国家的经济发展。只有加速制造业和服务业的融合，推动制造业服务化，才能够实现国家经济的发展。

6.1.2　制造业服务化的发展特征及模式

在新一代信息技术推动下，制造业实现了由产品型制造向服务型制造①的转变，制造业服务化的发展不再仅局限于产品的组装、维修及人员培训等，服务的类型更加多元化。服务型制造成为制造业服务化发展在新时期的重要表现方式。服务型制造是在消费者日趋个性化的需求驱使下，制造企业通过将先进制造方式与新一代信息技术融合，不断创新管理组织方式以及商业模式形成的一种高级产业形态。具体来看，新工业革命推动下的制造业服务化呈现如下特征：一是关联性强。服务型制造发展进一步强化了制造业与其他产业的关联，一方面，体现在生产制造与服务投入之间形成的前向关联以及后向关联；另一方面，还体现在各个服务环节如产品研发、销售服务等之间形成的关联，从而进一步提升产业间的融合水平。二是创新性高。服务型制造中的创新是协同的、开放的。通过将客户

---

① 通过在中国知网的检索发现，服务型制造的含义存在较大分歧，林文进（2009）、何哲（2010）等学者将制造业投入的服务化定义为服务型制造。本书认为服务型制造是制造业服务化发展的高级形式，是在新工业革命推动下产生的新型服务化模式。

纳入开放性的产品创新体系中，服务型制造厂商有效获取消费者个性化需求信息，形成新的产品设计方案，通过智能制造系统生产新产品。同时，在售后服务环节，服务型制造厂商不断创新商业模式，改进服务的内容和方式，从而提升客户的消费体验。三是契约性强。服务型制造提升了服务在产品生产和消费过程中的重要性。从一定程度上来讲，产品的售出不再是企业与客户关系的终点而是起点，需要企业与客户之间就服务的内容等作出明确规定，从而保障客户能够得到更好的消费体验，同时也保障企业能够获取更高的利润收益。四是全生命周期性。服务型制造涉及产品从出现到消失的整个链条，涵盖所有与产品生产相关的领域。这决定了服务型制造是一个复杂性高、综合性强的产业形态。产品与服务整体的表现是客户决定是否购买的标准。因此，只有提供基于产品的全生命周期服务，才能够提升厂商的竞争实力。五是客户导向性。服务型制造发展实现了服务化模式由产品导向型向客户导向型的转变，消费者全程参与到产品的研发设计、生产制造过程中。厂商通过智能制造发展实现生产过程面向消费者的可视化，并基于产品为客户提供整体服务。

制造业的整个产业链条包括研发设计、中间品采购、产品制造、产品交易、销售管理、废品回收等。服务型制造发展使服务得以嵌入整个链条的各个环节中，并基于新工业革命带来的新一代信息技术的应用，不断拓展服务内容，创新服务模式，从而进一步推动制造业服务化的深入发展。概括来讲，新工业革命作用下的服务型制造发展有如下几种模式。

第一，推动产品研发的服务。在新一代信息技术的推动下，基于产品研发的服务化发展主要体现在制造企业开放式协同创新系统的建设。通过开放式协同创新平台将专业领域的科研团队、中小型科技公司、初期的创业团队甚至普通的消费者等纳入产品创新系统，充分利用各个创新主体在创新中的优势，对产品的功能、外观等进行创新。具体来看，一是通过整合生产工艺的进步与工业设计的革新，不断提升制造企业的产品设计能力。产品外观的设计服务主要体现在对产品的形状、配色以及包装等方面。例如，通过人体工程学知识的应用，集成并分析用户的使用数据，并结合生产工艺对产品的结构、材质等进行创新，使得用户在产品使用中获得更好的体验。产品功能的设计服务体现在对提升甚至变革产品的性能上。产品的功能定位和性能品质是决定产品竞争力的核心力量。通过功能设计服务的投入，能够显著提升产品的竞争优势。例如，通过对用户消费信息的大数据分析，智能手机厂商能够更为精准地获取产品的功能定位，针对不同的用户人群推出特色功能各异的手机，如针对女性用户的美颜拍照手机等，从而提升产品在特定市场的竞争实力。二是通过整合生产工艺进步与个性化定制信息，提供个性化产品设计服务。消费者的个性化需求信息逐步成为产品生产的起点，消费者逐步成为新型产品制造体系的核心，并深入参与到产品的个性化设计中。企业依据消费者的个性化需求，通过大数据、云计算等新一代信息技术的应用形成特定的设计方案，并通过柔性生产系统实现个性化产品的生产，从而提升产品的竞争水平。例如，青岛酷特智能股份有限公司通过建设“酷特智能”（PCMTM）平台，实现用户对服装款式、材质、颜色等要素的选择，依据选择的结果形成个性化的设计方案，最终通过 CAD 等部门的数据处理形成用户专属的数据版型并通过“线下”的柔性制造系统实现生产。

第二，提升产品效能的服务。标准化生产导致的产品同质化严重，迫使企业通过增加基于产品的服务以提高产品的竞争优势。随着产品自身的复杂度不断提升，升级换代速度不断加快，只有具有较高专业能力的用户才能实现产品的使用和维护。由此导致用户对基于产品的专业化服务产生大量需求。“智慧化”生活方案要求产品自身的科技含量水平提升，同时要求基于产品的服务范围进一步扩大。具体来看有如下两种模式：一种是基于产品的全周期服务，主要是以工厂为对象的产品服务。随着生产制造系统的智能化水平不断提升，产品功能的实现不仅需要产品硬件自身，还需要基于产品服务。因此，企业基于新一代信息技术的应用建立工业互联网平台，为用户提供远程的运行监控、预警、诊断等服务，并为用户提供产品相关的软件应用设计等数字化服务，从而充分提升产品的效能。例如，美国通用集团设立 Predix 平台，为每一个客户设立特定方案，为用户开发定制化的应用系统，通过新一代信息技术的应用为用户提供机群运维服务。另一种是“产品 + 服务 + 内容”服务模式，主要是以普通消费者为对象的产品服务。微芯片、智能传感器等硬件设备的不断升级以及物联网等新一代信息技术的不断成熟，大幅提升了服务产品的可存储性和有形性，从而进一步深化了产品硬件与增值服务的融合。企业通过不断提升基于产品的系统服务，满足用户对于智慧化生活的需求。例如，TCL 彩电、海尔冰箱等家用电器及家具等生活用品除了满足用户对应的特定需求以外，通过智能化升级实现了人机互动，为用户提供菜谱、自动补货、娱乐节目定制等数字内容增值服务。苹果手表、谷歌眼镜等可穿戴设备的生产厂商基于产品硬件与云计算、大数据分析等信息技术的融合为用户提供身体监测等个性化健康服务。

第三，促进产品交易的服务。为提升产品的竞争实力，制造企业往往通过在交易环节提供增值服务，从而提升产品交易的效率。新一代信息技术的应用催生了大量的新兴商业模式，推动产品交易进一步朝着便捷化、精准化的方向发展。基于产品交易的服务主要包括金融服务和供应链服务两个方面。从金融服务的发展来看，随着产品功能的集成和组合，产品系统的定价相对于过去的单件产品更高，在购买时需要客户支付更多的资金，从而不利于新产品系统的市场扩张。因此，为了提升客户的支付能力，厂商往往通过分期付款、融资租赁等方式为客户提供金融支持。新一代信息技术的应用推动了金融服务的多元化发展，支付宝、微信等第三方支付平台提升了交易的便捷性和安全性，进一步推动了电子商务产业市场的扩张。众筹和 P2P 网络借贷是典型的互联网金融模式，为个人及中小企业提供资金借贷服务，从而提升客户对于产品的购买能力。从供应链服务来看，随着市场竞争的日益激烈，客户对于物流运输的要求日益提高，不再局限于成本的高低，对产品运输的时效性、精准性提出了更高的要求。因此，制造企业必须致力于提升供应链的服务水平，从而提升产品的竞争实力。新工业革命催生的供应链服务创新模式主要有实时补货、零部件管理等。具体来看，实时补货是基于工业互联网平台建设实现的。厂商通过平台对产品销售状况进行大数据分析，并将信息处理后传递给智能生产工厂，从而达到降低库存甚至零库存的目的。零部件管理是为客户建立定制化的解决方案，基于远程运行监控信息对客户的零部件需求预先做出判断，从而为维修部门能够更加及时、有效地完成相应的服务提供支持。例如，美的集团通过“智能云＋协作云”建设形成了针对合作商的买家中心和卖家中心，实现对物料和产品的时间、地点、数量等需求信息的精准化管理，为客户提供定制化的物流运输服务，有效提升交易环节的效率和品质。

第四，优化产品整合的服务。在新工业革命推动下，柔性化的智能生产线快速发展，这种制造系统生产的是产品的组合。只有产品组合的协同运作才能够充分发挥产品的功能。基于此，以产品组合为基础的一体化安装和系统化服务成为企业提升产品竞争力的重要选择。系统解决方案和整体运维服务是主要的服务模式。具体来看，系统解决方案是由总集成服务发展而来的。对于交通运输、网络通信等产业的客户而言，客户需求的不仅仅是硬件产品本身，更需要的是基于硬件产品组合良好运作实现的功能。生产商不仅需要生产硬件设备，还需要提供产品系统的设计、组装、调试以及相关外围设施的建设等服务，从而实现产品组合的功能。随着新一代信息技术的成熟，企业将服务集成于“工业互联网”平台，为客户提供定制化的服务，形成产品系统的设计、组装、调试的个性化方案。例如，上海电气集团是一家综合装备制造商，为满足电站建设的需求，集团通过 Ellumix 平台提供的服务涵盖主机设备及机组辅助设备的生产、配电及管路系统的设计、厂房等基础设施的建设等，形成“电站设备生产＋工程总包服务”的系统解决方案。整体运维服务是企业基于产品复杂度和科技含量不断提升做出的服务化转型选择。为保障产品的顺利运行，企业以产品为依托推出整体的、实时的运维服务。大数据、云计算等推动运维体系朝着智能化、远程化、实时化的方向不断升级。为应对华为、中兴等新兴企业的崛起，思科集团基于人工智能等技术的运用进一步推动产品装备的服务化水平，推出预测服务这一新的服务架构，实现对产品潜在故障的预测和监控。在故障发生之前智能监控将信息发回厂商，厂商依据相关专业技术对问题进行分析并选择最合适的解决方案，最终将潜在问题排除，从而保证了用户系统持续顺利运行。

第五，产品的共享服务。共享经济是新工业革命以来在新一代信息技术推动下产生的新型经济模式。信息技术的应用增强了产品供需双方的匹配能力并基于信用监督建立了产品拥有者和产品需求者之间稳定的契约关系，实现了使用权和所有权的分离，产品需求者能够以较低的成本获取自身的需求，而产品拥有者也改变了产品的获益模式，同时也进一步提升了产品的使用效率和自身的盈利水平。随着共享经济模式的不断成熟，共享服务的领域从最初的产品领域不断延伸到工业生产领域。具体来看，在消费产品领域的共享服务主要集中在房屋、出行工具等。共享经济是由创业企业最先开拓的，并在各领域占据了较大的市场份额。在市场竞争的压迫下，制造企业依托自身在产品制造领域的领先水平以及对行业发展的洞察力，纷纷推出自身产品的共享服务。例如，宝马、奔驰、日产等传统汽车制造企业纷纷推出了基于自有汽车品牌的共享服务平台“Drive Now”、“Maven”以及“Go Micra”。在工业生产领域，共享服务的发展以企业生产制造系统的高度智能化为前提。通过智能生产平台建设，其他制造企业将产品生产信息录入平台并经 CAD 等软件分析形成制造方案，最终通过数控机床实现产品的生产。沈阳机床集团“i5”智能生产谷是工业领域共享服务的先行者，并已获得了市场的广泛认可。通过 iSESOL 云平台建设，沈阳机床集团实现了智能工厂以及智能机床的联合网络，依据其他企业产品生产需求的规模、品质等信息，与网络内工厂的制造水平、特色优势等信息进行动态匹配，选取最合适的工厂进行生产。随着企业的不断扩张，更多的智能工厂被整合到生产体系中，从而推动整个行业的转型升级。

6.2 全球价值链的发展趋势

为深入分析全球价值链重构的趋势，本部分首先对新工业革命下影响全球价值链升级的各驱动力的变化进行概述，同时从分解、融合、创构三个方面对全球价值链重构的形式进行梳理，以此为基础进一步探讨全球价值链的发展趋势。具体框架如图 6－2 所示。

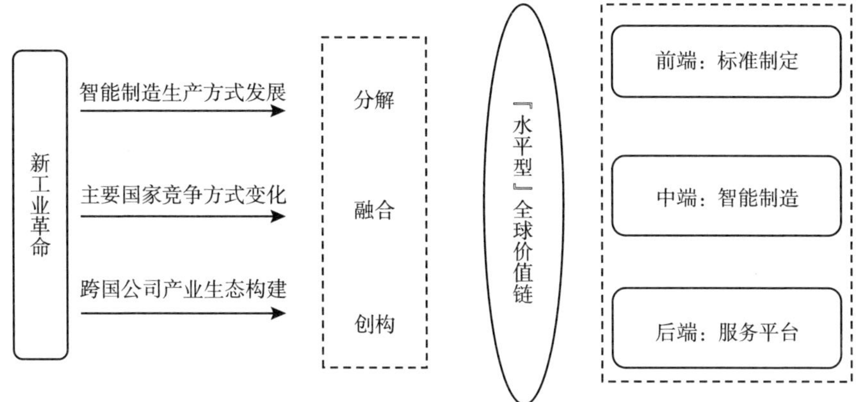

图 6 -2　新工业革命推动下的全球价值链重构

资料来源：笔者绘制。

6.2.1　新工业革命驱动全球价值链重构的机制

第一，新工业革命催生新的生产制造方式以及生产组织方式，进而推动全球价值链重构。新工业革命带来了以云计算、物联网、大数据、人工智能等新一代信息技术为代表的基础性技术进步以及以物理—信息系统等交叉、融合技术为代表的增量性技术进步，推动生产制造方式及组织方式发生变革。综合来看，生产制造系统的变革一方面表现在数字化生产系统向智能化系统转变。新一代信息技术将企业产品生产中涉及的原料、设备等进行数据感知、收集、传输及分析，实现了实体生产设备与信息控制系统实时的、深度的融合，实现智能化控制和决策，进而推动整个制造系统的智能化发展（贺俊等，2016）。① 另一方面表现在标准化的刚性生产系统向可重构的柔性生产系统转变。新工业革命下消费者需求呈现出快速多变的特征，大规模定制需求成为主流。企业通过扩大产品产量获取规模经济的策略逐步向扩张产品种类获取范围经济的策略转变。为实现这种企业产能的转变，企业基于新一代信息技术与智能生产设备的融合应用，将企

① 贺俊、姚祎、陈小宁（2016）将新工业革命下的技术系统分为通用底层技术、智能制造设备、智能制造系统以及工业物联网。

业的生产设备、生产线打造成可以动态组合的智能化生产系统。这种智能化的生产系统能够依据消费者需求的动态变化迅速对生产系统进行重组，从而增强了消费需求与产品生产制造的动态匹配性。

生产组织方式的变革一方面体现在制造企业内部结构的调整，管理形式由层级命令向契约合作转变。新一代信息技术在企业内部的广泛应用使得各层级、各领域间的界限模糊，行政部门逐步由控制角色向支持协作部门转变。信息传输不再局限于由上到下的传输而是向多向传输转变，因此员工可以更全面地掌握企业的运行信息，就业理念日趋自主化、个性化，领导层与员工间的关系由雇佣关系向合作关系转变。这些转变均不断冲击原有的科层制内部结构，推动契约合作式企业内部结构的形成。生产组织方式的变革另一方面体现在企业生产向社会化生产的转变（黄阳华，2016）。[①] 新技术的应用使得生产过程进一步细化分解，呈现出碎片化趋势，单个企业生产所需承担的信息成本过高，因而需要社会化的生产合作来完成。同时，大规模定制需求使得消费者主动参与到产品的生产过程中，通过定制平台参与产品的设计，实现了以企业为中心的产品生产模式向消费者与企业合作的多中心产品生产模式转变。智能化、柔性化的生产制造方式以及契约式、社会化的生产组织方式必将引起全球价值链重构。

第二，新工业革命推动主要国家竞争策略转变，进而推动全球价值链重构。与历次工业革命相比，新工业革命的发展使得更多的国家参与到全球价值链中，大致可划分为发达国家和新兴工业国家两类，这些国家的竞争策略共同推动全球价值链的重构。从发达国家的竞争策略来看，一方面，发达国家推行“再工业化”战略，积极推动制造业回流。这一战略的提出最初是为应对金融危机中暴露的产业空心化、虚拟化问题。随着人工智能等核心技术的发展，智能制造系统不断成熟，加工制造环节逐步由劳动密集型向技术密集型转变，附加值水平不断提升。发达国家依靠核心生产技术上的领先优势，在国内率先推动智能制造系统的建设，将过去转移

① 黄阳华（2016）以长波理论为基础对新产业革命下的生产组织变革进行分析，研究认为大规模定制及社会化生产等是主要的新型生产组织形式。

到发展中国家的生产线转移到国内，同时配合优惠的税收政策等不断吸引发展中国家企业到国内设立现代化的智能工厂，从而获取更高的国际分工收益。另一方面，发达国家积极推动国际贸易新规则的构建。从国际贸易规则的内容上来看，发达国家积极推动规则高标准、宽领域发展（陆燕，2015）。[①] 通过针对商品关税、服务贸易壁垒等传统议题以及监管一致性、环境保护、电子商务等新兴议题制定开放水平更高的高标准贸易协定，发达国家充分将自身的比较优势转化为竞争优势，将自身市场经济的规则和标准向其他国家推广，从而获取更高的制度权利。从贸易规则的制定方式上来看，发达国家采取迂回的策略，绕过现有的 WTO 等全球性的贸易规则制定平台，积极推动区域性贸易规则制定平台的构架，从而获取贸易新规则制定的先机，依据自身利益需求制定新规则。区域性贸易规则影响力不断扩大，逐步向全球性的贸易规则转变。

从新兴经济体的竞争战略来看，一方面，新兴经济体以新工业革命为契机，推动核心技术的研发，发展新经济和新业态，以期实现对发达国家的赶超。通过制订人工智能等专项发展计划，新兴经济体积极推动加工制造环节的技术升级，加快智能制造系统建设。同时，随着新兴经济体国内市场规模的扩大以及国内人力资本的积累，新兴经济体不断向产品的研发设计、销售管理等环节延伸，以期提高自身在全球价值链中的地位，获取更高的国际分工收益。另一方面，新兴经济体积极参与国际贸易规则的制定。面对发达国家主导的国际贸易规则，新兴经济体通过加强与在技术、市场上互补的国家间的合作，推动国内价值链、区域价值链的发展。随着区域性合作组织的不断扩张，新兴经济体在全球贸易规则制定中的话语权不断提升。由此，发达国家与新兴经济体的竞争策略共同推动全球价值链重构。

第三，新工业革命推动跨国公司构建产业生态系统，进而重构全球价值链。在新工业革命作用下，产业生态系统的竞争成为国际竞争的主流范式。为了构建产业生态系统，跨国公司一方面通过产业链上的延伸，实现

---

① 陆燕（2015）认为当前处于国际贸易规则重构期，发达国家与新兴经济在多边、区域等层次进行博弈，致力于建立更宽领域和更高标准的贸易规则，进而推动国际分工的演进。

全产业参与。随着技术进步、消费者需求多样化日益被重视，产业融合在全球产业结构调整中的作用日益突出，用三次产业的划分已不能适应产业的发展趋势分析。服务业和制造业间的界限日益模糊，智能制造推动制造业服务化，服务业在全球价值链利润分配中的份额将进一步提高。在互联网技术的推动下，消费者充分参与产品的研发设计，过去研发、生产、销售的生产链条向一体化融合转变。不管是先进制造业还是现代服务业发展，其进步特征均体现为对于新技术、新业态、新管理的实践。例如，以淘宝、腾讯等为代表的互联网平台，分别成立了阿里研究院、腾讯研究院以致力于商业咨询服务业务的拓展；海尔、格力等家电厂商逐步向互联网化转型，将自身的工业制造拓展覆盖到产业链前端，实现范围经济。因此，跨国公司通过平台建设实现产品全产业链的参与，进而提升对全球价值链的控制。跨国公司另一方面通过加强与中小企业的合作，加快产业生态系统的建设。社会化的生产制造方式使得企业的规模呈现两极化发展。跨国公司与中小企业间由竞争关系向合作关系转变（杨锐等，2016；杜传忠等，2016）。[①] 跨国公司作为产业生态系统的核心，通过向平台型企业转型，在承担原有的基础性创新、营销管理等业务的同时，将大量中小企业纳入产业生态系统，为中小企业的发展提供支持，进而提高创新资源的配置效率。而中小企业依据内部信息成本较低等优势，充分挖掘消费者的大规模定制需求，不断开展增量式的技术创新，推动新技术、新产品的商业化，进而推动新产业、新业态的发展。跨国公司逐步改变了自身的发展重心，核心业务的选择依据由价值链环节附加值高低的选择向社会化生产成本高低的选择转变。通过与中小企业共同组成产业生态系统，跨国公司有效适应了新工业革命导致的生产制造方式和组织方式的转变，并通过平台经济的发展进一步加强了全球分工体系的控制能力，进而推动全球价值链重构。

---

① 杨锐、刘志彪（2016）认为随着互联网技术的应用，平台经济的发展使得大型企业与中小企业的关系由竞争转向合作，杜传忠、宁朝山（2016）对于网络发展下组织结构演进的研究也支持该结论。

6.2.2　全球价值链的发展特征

作为一种国际分工的形态，全球价值链从产生以来就处于不断演进变化的动态过程中。在新工业革命作用下，生产制造方式与组织方式、主要国家竞争策略的变化以及跨国公司的发展共同推进全球价值链的重构。从全球价值链重构的形式来看，主要包括价值链分解、价值链融合、价值链创构等。①

具体来看，价值链分解是指原有价值链中的部分活动逐步分化独立形成新的价值链环节，形成更多的价值链条分支，从产业层面上来看表现为众多细分的新兴产业的产生，从企业层面来看，出现了大量更加专业化的企业。在新工业革命作用下，大规模定制需求使得消费者作为重要的合作方逐步参与产品的研发设计过程中，极大地推动了研发设计环节的分解。如过去为发现产品创新机会而存在的面向消费者的市场调研是产品研发过程中的初始活动。随着新一代信息技术的应用，面向消费者的产品定制平台产生，消费者将自身个性化的需求信息通过平台形成特定的产品创新方案。消费者需求信息的收集活动从研发设计环节中逐步独立分化出新的价值链环节，进而推动全球价值链重构。同时，随着产品复杂程度的提升，需要不同专业化设计领域的合作才能够完成产品的研发设计，从而进一步推动研发设计环节的专业化分工，形成更多的细分环节。

价值链融合是指以原有价值链分解后形成的更加细化的环节为基础，在需求变化、技术发展等因素作用下导致各环节重新组合，部分环节间的界限日益模糊，在产业层面表现为制造业与服务业的融合程度进一步加深，在企业层面表现为制造企业向综合服务提供商的转变。大数据、云计算、人工智能等新一代信息技术的应用推动了服务活动与生产活动、各类

---

① 北京市长城企业战略研究所（2014）认为产业价值链的重构模式包括分解、融合、新业态三类，其中新业态即新价值链环节的创构，本书沿用此逻辑，从分解、融合、创构三个方面对全球价值链的重构进行分析。

服务活动之间的深度融合。智能化生产制造模式的形成可以看作服务活动与生产活动深度融合的结果。制造企业通过工业互联网的建设以及智能化生产设备的升级，对生产设备乃至生产线实现数字化、网络化、智能化控制，从而能够对需求信息做出快速反应，实现对大规模定制需求产品的生产。同时，平台经济的发展也是价值链融合的重要形式。例如，众多的面向用户的企业平台不仅承担了过去既有的销售服务以及相关的售后管理服务等任务，还承担着搜集用户对于产品的设计信息、需求信息的任务，在一定程度上实现了研发设计活动与销售服务活动的融合。

价值链创构是指在原有价值链各环节分解、融合的基础上形成的原价值链中没有的新环节，表现为新环节的出现和发展。从原有的全球价值链划分上来看，大致分为“研发设计—生产制造—销售服务”等几个环节。随着新工业革命的推进，在新一代信息技术的作用下，研发设计环节与销售服务环节的部分功能汇集后由服务平台的建设实现，生产制造环节也实现了由数字化、标准化生产向智能化、定制化生产的转变。整个智能制造体系中技术标准、集成标准、设计标准等的制定成为新型全球价值链发展的基础，由此形成了“标准制定—智能制造—服务平台”等环节组成的新型全球价值链。① 西门子、通用电气、海尔等率先推动智能制造发展的企业纷纷致力于向智能制造方案提供商转型，不断提升智能制造相关标准制定的能力，从而主导新型全球价值链的构建。这充分有力地佐证了标准制定成为新型全球价值链中重要的、独立的新环节。

由此，在新工业革命作用下，全球价值链通过分解、融合、创构等形式的共同作用实现了重构，逐步形成了“标准制定—智能制造—服务平台”组成的新型全球价值链。新型全球价值链的构建也改变了附加值在价值链各环节的分布。首先，由生产制造环节演进而来的智能制造环节的附加值水平将大幅上升。原价值链中，标准化的生产制造属于劳动密集型环

① 周静（2016）将重构后的水平型全球价值链中的三个模块分别命名为标准与规则制定者、个性化集成者、智能化生产者，分别对应本书中的标准制定环节、服务平台环节、智能制造环节。

节，对先进技术、人力资本等高级生产要素需求较低，因而附加值水平较低。而智能制造体系的建设以大数据、云计算、人工智能等新一代信息技术的应用为基础，由此从劳动密集型转变为知识密集型、技术密集型环节，成为整个全球价值链的中枢，因而附加值水平不断提升。其次，由研发设计的部分活动、销售服务等演变而来的服务平台环节附加值占全部附加值的比重将会下降，但是仍将维持在较高水平。由于大规模定制需求的发展，消费者等个体逐步参与到产品的研发设计中，企业的研发设计活动逐步由企业的独立创新向"开放式协作创新"转变，这在一定程度上降低了产品设计研发所需的成本以及技术门槛，从而降低了研发设计活动所能获得的附加值水平。产品的销售环节依靠"巨平台+海量前端"的合作体系，为消费者提供产品的销售以及基于产品使用的服务，从而提升销售活动所能获得的附加值水平。同时，服务平台往往具有较强的网络外部性，通过规模经济、范围经济等获取更高的利润，因此，服务平台环节附加值仍将维持在较高水平。最后，作为新型全球价值链形成的关键，由研发设计环节部分活动以及智能制造体系构建等组成的标准制定环节具有较高的附加值水平。各类企业智能制造体系的建设并不是同步的，往往由于新一代信息技术密切相关的行业向一般行业扩展，由大型企业逐步向中小企业扩散。领先企业的先发优势体现在自身智能制造体系构建过程中所形成的技术标准、集成标准等以及在智能制造体系发展中积累的丰富经验。由此，在新型全价值链构建中，标准制定环节的企业将通过专利保护等获取极高的附加值。

总体来看，过去基于标准化生产形成的两端附加值高、中间附加值低的"微笑曲线型"全球价值链，逐步转变为基于智能制造的"水平型"全球价值链（见图6-3）。基于不同生产方式的全球价值链将会形成独立的闭环，并将会在新工业革命的初期并行存在。① 随着新工业革命的推进，

① 陆颢（2017）对全球价值链的价值链重构特征进行了分析，认为新一代信息技术的应用使得中间制造环节的附加值高于研发和销售环节的附加值，呈现出"彩虹曲线型"价值链，并与原有的"微笑曲线型"价值链并存。与本书的差别在于对制造环节附加值提升程度的认识。

智能制造逐步在不同的国家扩张，发达国家以及新兴经济体的发展战略和目标逐步实现，跨国公司在全球范围内逐步构建新型的产业生态系统，这些都将推动“水平型”价值链逐步扩大在全球范围内的影响直至完全取代“微笑曲线型”全球价值链，成为全球分工的唯一形态。这一发展趋势决定了新工业革命背景下我国面临的全球价值链升级不仅包括沿着“微笑曲线型”全球价值链向具有更高附加值的两端延伸，还包括推动智能制造发展嵌入“水平型”的新型全球价值链中。因而，后文中将对新工业革命下如何通过制造业服务化实现“水平型”全球价值链升级进行具体阐释。

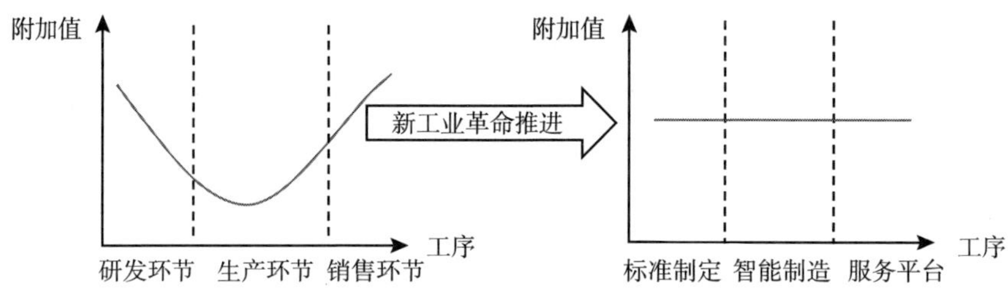

图 6－3　新工业革命下全球价值链曲线发展

资料来源：笔者绘制。

6.3　制造业服务化对全球价值链升级的作用

在新工业革命作用下，基于新一代信息技术的广泛应用，制造业服务化发展呈现出新的发展趋势，全球价值链实现了由“微笑曲线型”向“水平型”的转变。在此背景下，制造业服务化推动全球价值链升级的作用除了遵循产业关联效应、技术创新效应、规模经济效应、范围经济效应等一般作用机制外，同时形成了新工业革命下的特有作用机制。两种作用机制的结合共同组成了新工业革命下制造业服务化发展推动全球价值链升级的具体作用机制。本节按照“水平型”全球价值链的三个环节，从服务化推动智能制造发展以嵌入新型全球价值链提升新价值链参与度、主导全球价值链重构三个方面进行具体阐述（见图 6－4）。

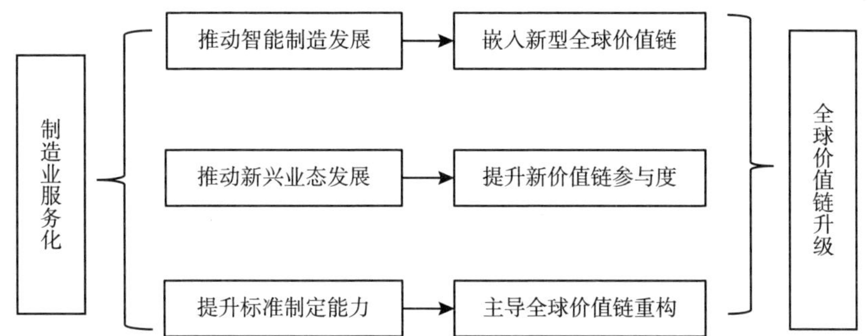

图 6－4　新工业革命下制造业服务化推动全球价值链升级的作用机制

资料来源：笔者绘制。

6.3.1　智能制造环节

制造业服务化推动智能制造发展，从而嵌入新型全球价值链。制造业服务化能够推动新工业革命产生的新一代信息技术等技术进步与生产制造系统融合，充分发挥技术创新效应、产业关联效应等，推动智能制造发展，从而嵌入“水平型”价值链中。智能制造的发展依赖于制造服务化，特别是信息服务化的发展。推进机制一定程度上体现在服务要素投入逐步增多，成为智能制造发展的“推进器”。现有的生产系统向智能制造系统转变关键依赖于大数据、物联网、云计算、人工智能等新一代信息技术与制造系统的集成，服务要素在生产制造系统中发挥着越来越重要的作用。具体来看，首先，服务化推动制造业核心生产技术能力的提升。从目前的发展来看，智能制造领域的核心生产技术及装备主要包括工业机器人、增材制造、高档数控机床等。一个国家核心生产技术研发水平越高，自主化程度越高，则智能制造的发展水平越高。与一般作用机制一致，服务要素投入的增多能够大幅提升知识、人才等高级生产要素的比重。在新工业革命下，要素结构升级还突出表现为数据这一新型生产要素比重的提升。高级要素的集聚能够有效提升制造业企业的创新能力。[①] 因此，制造业企业

① 2020 年，《中共中央　国务院关于构建更加完善的要素市场化配置的体制机制的意见》首次将数据与土地、劳动力、资本、技术等传统要素并列为生产要素。

通过服务化发展，不断汇集高级生产要素，实现智能生产技术创新能力和创新效率的提升。其次，服务化发展推动制造业生产方式的变革。生产制造模式是智能生产技术的商业化应用，是科技成果转化的现实结果。在智能制造技术从实验室向工厂应用并实现大规模推广的过程中，服务化发挥着重要作用。服务化能够有效地降低智能制造技术的应用成本和扩散时间。与过去的生产技术创新相比，新工业革命下的生产技术创新具有更高的复杂性，往往需要投入更高的研发资金和更长的技术扩散时间。服务要素投入的增多通过提升研发要素的集聚产生协同效应从而降低智能制造技术应用的时间和成本。由此，服务化推动智能技术的应用，实现生产制造系统的智能化、柔性化和全生命周期化。最后，服务化推动制造业生产组织模式创新。智能制造是企业生产技术进步与企业组织模式创新共同作用的结果。在新工业革命作用下的技术创新呈现出网络式创新的态势，并与组织模式创新等形成互补性创新。服务要素作为工业化和信息化深度融合发展的黏合剂，有效推动新一代信息技术在企业组织中的应用，从而推动制造业组织模式的创新。服务要素投入的增加推动企业内部组织呈现扁平化发展态势，通过服务平台建设不断提升信息在企业内部传递的效率。开放式服务平台的建设通过生产网络的不断扩张为中小企业提供相应的服务，推动不同规模的企业间形成协作化网络。①

服务化推动智能制造发展的机制进一步表现在新型的服务化模式不断涌现，成为智能制造的重要组成部分。新工业革命推动下制造业和服务业的融合程度不断加深，制造业的产出已经不再是单一的商品或者若干商品形成的组合，而是基于满足客户特定需求的“产品＋服务”的组合。制造业服务化发展产生的众多新型业态将有效地推动智能制造的发展。作为一种信息服务化发展的新型业态，工业互联网建设通过提升制造系统的网络化、信息化水平进而推动制造系统的智能化发展。首先，服务部门通过应用新一代信息技术，将企业内部的生产线、经营数据、组织管理等进行整

① 该部分中提及的平台是指企业内部结构组织的平台化，与后文中对于服务平台的分析存在差别。

合，开发基于制造企业自身特征的云系统，为制造企业提供信息化服务解决方案，集成制造企业内部各个子系统，实现生产企业内部生产系统的互联互通。其次，通过“工业互联网”的发展有效提升了市场需求信息和企业生产能力的匹配程度，有效提升企业生产线的使用效率，从而进一步推动了智能制造的发展。通过对用户大规模定制需求信息的数字化处理，“工业互联网”将生产信息传递给生产制造系统。工厂通过对柔性化生产线进行特定的组合完成对于定制产品的生产，并对客户提供产品生产全程可视化服务。最后，“工业互联网”对于智能制造系统的提升还体现在基于产品的配套设施及配件的生产过程中，通过“工业互联网”的其他业务板块为用户提供了基于产品硬件的服务，包括远程运行监控、故障预测、维修部件的生产等，从而实现基于产品的全生命周期服务，不断提升制造系统的智能化水平。由此可见，制造业服务化能够推动智能生产技术的研发和应用，推进新一代信息技术与制造系统的融合应用，加速企业组织模式和制造模式的创新，实现传统制造模式向智能制造模式的转变，从而融入“水平型”全球价值链中。

6.3.2　服务平台环节

服务化推动新兴业态发展，提升新型全球价值链参与度。通过发展智能制造，一个国家已经成功融入了新型的全球价值链，但是为了获取更高的国际分工收益，必须通过服务化向价值链两端延伸，提升全球价值链的参与度。制造业的服务化必须是建立在新一代信息技术的应用之上。新型制造业服务化发展能够有效适应新工业革命对价值链两端的研发设计和品牌营销环节的影响，通过开放式创新平台和营销平台建设，实现制造企业沿着“水平型”价值链延伸业务范围，不断提升新型全球价值链参与度，国际分工收益相应的也得到提升。从研发设计环节来看，大规模定制需求使得客户直接参与到产品的研发设计过程中，企业独立承担的研发设计职能转变为由企业和客户共同承担。客户创意贡献的非竞争性使得原有企业间研发设计能力间的差距被缩小，从而为制造企业向研发设计环节延伸提供了重大的契机（吴义爽等，2016）。[①] 开放式创新平台的建设是制造业服务化在研发设计领域的体现。该平台将制造企业所属产业领域的其他科研团队、中小企业以及普通客户等统一纳入产品创新系统。由此，制造企业产品研发不仅包括内部的设计人员，还包括长期关注产品创新的科研团队以及通过长期使用产品积累了大量隐性知识的产品使用者。通过充分利用外界的创新资源，企业产品研发设计的水平得以提升。同时，创新主体的多元化突破了地域与文化的界限，将世界各地的研发人才和设计创意集中起来，满足不同地区客户对产品的个性化需求，从而进一步提升了制造产品的国际竞争力。通过开放式创新平台建设，拓展了制造企业全球价值链的参与程度，在提升自身产品研发能力的同时，通过与柔性化智能制造系统的结合实现了产品的生产，从而进一步增强了智能制造体系的国际竞争力。

从品牌营销环节来看，新工业革命催生的大规模定制需求以及新一代信息技术在产品营销环节的应用增强了产品需求与企业生产之间的动态匹配能力。原“微笑曲线型”价值链中具有较高附加值的产品品牌以及销售渠道对于产品交易成功的决定作用被削弱，全球少数企业掌控的销售渠道和供应链渠道的控制力被削弱，原有的格局被打破。[②] 消费者与企业间建立的双边交易平台成为品牌营销的主要形式。这种转变在一定程度上降低了制造企业向品牌营销环节延伸的门槛，同时也为制造业提升全球价值链参与度提供了契机。精准化、智慧化营销平台建设是制造企业融入新型价值链销售服务环节的必然选择。营销平台承担着从产品销售到“产品+服务”销售的转变。基于大数据、云计算等新一代信息技术的应用，平台实现对全球各地不同消费人群的消费需求进行分析，对于不同的消费人群给予不同的产品需求定位，并通过精准广告投放等将潜在消费者转变为产品的购买者。同时，面向客户的销售平台承担着搜集大规模定制信息的任务，通过与研发设计平台以及智能制造生产系统的合作最终实现定制化产

① 吴义爽、盛亚、蔡宁（2016）认为开放式创新平台在一定程度上降低了我国与发达国家的研发差距，实现了隐性的全球价值链升级。

② 吴义爽、盛亚、蔡宁（2016）认为平台经济的发展弱化了原有的品牌、渠道等对产品市场的作用，附加值进一步向制造环节转移。

品的生产。销售模式的转变增强了生产与需求的匹配程度，降低了产品的库存、仓储的费用，改变了供应链的格局。此外，销售服务平台还具备提供基于产品的增值服务的功能。随着服务平台的智能化水平的不断提升，通过整合其他第三方服务商，为客户提供“产品+服务+内容”的立体化服务，从而满足客户对于产品服务日益提升的要求。[①] 由此可见，制造业服务化通过发展研发设计领域以及销售管理领域的平台经济，不断适应新型全球价值链中研发设计和销售管理环节的变化。通过这种新型的服务化发展，一个国家在融入“水平型”全球价值链的基础上进一步拓展了全球价值链参与度，提升参与国际分工的收益。

6.3.3 标准制定环节

当前新工业革命推动下的新型全球价值链还在演进过程中，基于基础性技术进步的增量性技术进步仍然不断涌现，并持续推动生产制造方式和商业模式的创新。大量的技术标准和行业标准亟待重新制定。这种变革为处于国际分工低端的国家的制造业价值链升级提供了重大机遇。通过充分发挥主观能动性、积极参与标准制定，这些国家获得在新型全球价值链构建中的话语权，提升全球价值链分工地位。服务化发展能够有效提升标准制定的能力。具体来看，第一，服务化发展通过推进新一代信息技术与制造系统的融合推动智能制造标准体系的建设。[②] 在智能制造的发展过程中，面临着基础共通型、核心技术型以及行业应用型等众多类型标准的制定。具有高知识密集度的服务要素的增多有助于提升技术的研发效率，降低劳动密集型成果转化及商业化应用的成本和时间，从而提升标准的制定能力。同时，基于新一代信息技术的服务化发展将企业外部大量的创新主体

---

① 服务化由“产品+服务”向“产品+服务+内容”转变，“内容”主要是指基于产品的数字化资源以及健康信息等服务，详细见前文中对制造业服务化发展模式的分析。

② 工业和信息化部、财政部印发的《智能制造发展规划（2016－2020年）》将智能制造发展中的标准体系进行了归纳，包括基础共性标准、关键技术标准以及行业应用标准。本书沿用了该标准体系的分类。

纳入标准制定体系中，极大地提升了企业标准制定的能力。与此同时，来自外部的参与主体也成为标准推广的重要中介，进一步扩大企业标准在产业中的影响力。第二，作为智能制造生态系统的重要组成部分，服务化发展有助于培育智能制造系统解决方案提供商，使其成为行业标准的制定者。通过率先发展服务型制造，制造企业在自身智能制造系统的发展中形成了一系列的标准和隐性知识，这些标准和知识成为企业宝贵的服务资产。通过向其他制造厂商提供软件与硬件服务一体化的整体制造解决方案，制造企业在推动制造行业整体升级的同时，不断扩大自身行业标准的推广范围，从而提升行业标准的制定能力。第三，作为制造业服务化发展的新型业态，平台经济先发优势明显，在所属的市场竞争领域易形成垄断地位，从而提升标准的制定能力。基于大数据、物联网、云计算等新一代信息技术打造的网络平台具有较强的技术兼容性，平台的用户越多，则用户在平台使用中获取的效用越高，平台的市场价值越高，这种正向反馈效应形成了对于客户的锁定。制造企业通过自身平台将自身标准在客户中推广，并通过客户与其他厂商的合作关系进一步在行业中推广自身标准。同时，企业内创新平台、营销平台等多平台的合作将网络效应进一步放大，与周边更多的客户资源建立合作。这种企业内多平台的合作能够进一步提升企业的竞争实力，不断侵蚀其他平台，将更多的客户和第三方合作者纳入自己的平台体系中，从而进一步推广自身的标准。由此，制造业通过基于新一代信息技术应用的服务化转型能够显著提升自身标准制定的能力，成为新型全球价值链构建的主导者。第四，国际分工中的竞争不再是企业间的竞争，而是各国产业生态系统之间的竞争，是基于传统制造的“微笑曲线型”全球价值链与基于智能制造的“水平型”全球价值链之间的竞争（周静，2016）。[①] 服务化发展通过推动“水平型”全球价值链各类标准的制定，加速新型全球价值链的形成，成为国际分工的主流，相应地提

① 周静（2016）认为发达国家“再工业化”发展会导致发展中国家内部和发达国家内部分别形成两个独立的价值链闭环，“水平型”价值链将全部位于发达国家内部，并通过“虹吸效应”等方式不断聚集国际财富。

升了该国制造业全球价值链的分工地位。开放式协同创新平台、智能制造系统以及精准化营销平台共同组成了新型全球价值链的微观主体。在制造业内部，大型制造企业往往主导新型产业生态的建设，中小制造企业依附于大型企业存在，形成“平台 + 海量中小企业”的企业生态系统。中小制造企业积极参与行业各种标准的制定，并且是行业标准推广的重要参与者。这种基于新一代信息技术应用建立起来的企业生态将进一步加速新型全球价值链中各种标准的建设，使得新型全球价值链取代“微笑曲线型”全球价值链。基于上述几点，制造业服务化发展能够有效提升智能制造系统的技术标准、应用标准以及在研发平台、销售平台等各类新型业态中相关标准的制定能力，从而有效提升我国制造企业在新型全球价值链中的分工地位，使其成为新型价值链重构的主导者。

6.4　本章小结

工业革命是推动人类社会生产方式和生活方式变革的重要力量，对制造业服务化的发展和全球价值链的重构产生重要影响。随着新工业革命的产生和推进，制造业服务化和全球价值链均出现了新的发展趋势，制造业服务化对全球价值链升级表现出新的作用形式。为探究这种新的变化，本章首先对新工业革命下制造业服务化与全球价值链的发展趋势进行分析。然后以此为基础，结合第 3 章的内容分析了新工业革命下制造业服务化对全球价值链升级的作用。具体内容如下。

首先，分析了新工业革命下驱动制造业服务化的机制以及制造业服务化的发展趋势。在新工业革命的作用下，云计算、大数据、人工智能、物联网等共同组成新的技术群引致系统性技术变革推动智能制造发展，催生了大规模定制需求，改变了各环节环境友好度及要素需求结构。服务型制造成为制造业服务化发展在新时期的表现。新工业革命推动下的制造业服务化发展呈现出关联性强、创新性高、契约性强、全生命周期性、客户导向性等特征。服务型制造发展呈现出如下几种模式：基于产品研发的服务，包括个性化的产品设计服务和工业设计服务；基于产品效能的服务，包括基于产品的全周期服务和“产品+服务+内容”模式；基于产品交易的服务，包括金融服务和供应链服务；基于产品整合的服务，包括系统解决方案和整体运维服务；基于产品等硬件的共享服务。

其次，分析了新工业革命下驱动全球价值链的机制以及全球价值链的发展趋势。从技术变革来看，以新一代信息技术为代表的系统性技术变革，推动生产制造方式和组织方式变革，进而引起各环节技术密集度发生变化。从主导国家竞争战略来看，发达国家积极实施“再工业化”战略推动制造业回流，同时积极推动贸易规则重构，进一步提升在新型全球价值链构建中的话语权；新兴经济体以新工业革命为契机，推动核心技术的研发，发展新经济和新业态，以期实现对发达国家的赶超。从跨国公司的发展来看，以跨国公司为核心的产业生态系统间的竞争成为国际竞争的主要形式，因此跨国公司纷纷推动平台经济发展，打造“平台+海量中小企业”的生态体系。在上述驱动力的作用下，全球价值链通过分解、融合以及创构等形式实现重构。研发设计环节演变为标准制定者，生产环节演变为智能制造者，销售环节将演变为服务平台，全球价值链实现由“微笑曲线型”向“水平型”的转变。

最后，对新工业革命下制造业服务化推动全球价值链升级的具体作用机制进行了分析。在新工业革命作用下，制造业服务化呈现出全新的发展特征，并不断涌现出新的商业模式和产业形态，而全球价值链也实现了由“微笑曲线型”向“水平型”的转变。分析认为新型服务化主要从三个方面在“水平型”全球价值链中实现升级。第一，服务化有助于推动智能制造核心技术的研发和推广应用，实现生产制造方式的升级从而嵌入新型全球价值链。第二，服务化有助于平台经济等新型业态的发展，通过发展开放式创新平台和精准化营销平台以适应新工业革命下研发设计和营销管理的变化，从而提升我国制造企业在新型全球价值链中的参与度。第三，服务化推动了制造企业“开放式创新平台—智能制造体系—精准化营销平台”新体系发展，在为制造企业获得先行者优势，提高企业国际分工收益的同时，增强了制造企业标准制定的能力，成为新型全球价值链构建的主导者。

第 7 章　新工业革命背景下我国推动全球价值链升级的路径与对策

在新工业革命的作用下，制造业服务化进入了深度融合阶段，服务型制造成为制造业转型升级的方向。同时，全球价值链逐步由“微笑曲线型”向“水平型”全球价值链升级。本部分首先对我国政府以及制造业在新时期推动全球价值链升级的路径进行梳理，然后就新工业革命下如何推动我国全球价值链升级提出政策建议。

7.1　我国推动全球价值链升级的路径分析

7.1.1　我国政府推动全球价值链升级的路径分析

近年来，我国制定了多项发展规划以适应新工业革命产生的影响。本部分从重构后的“水平型”全球价值链中智能制造、服务平台、标准制定三个环节展开，对每个价值链环节中我国政府采取的举措进行梳理。

从推动智能制造发展来看，2016 年 6 月，国务院出台了《关于深化制造业与互联网融合发展的指导意见》，从推进企业跨界融合、培育融合新模式、搭建“双创”平台等方面推动信息化与制造业的融合发展。2016

年12月，工业和信息化部出台了《智能制造发展规划（2016－2020年）》，进一步从关键技术研发、智能制造装备发展、工业互联网建设、培育智能制造体系等十个方面对智能制造发展进行部署。此外，国家还就机器人产业、增材制造产业等智能制造发展过程中的具体产业进行了规划。2021年，工业和信息化部等部门联合印发了《“十四五”智能制造发展规划》，要求立足于制造本质，紧扣智能特征，依托制造单元等载体，构建虚实融合、动态优化的智能制造系统，力争到2035年实现规模以上制造企业全面数字化，骨干企业实现智能化转型。国家发展和改革委员会发布的《产业结构调整指导目录（2024年）》新增了“智能制造”等行业大类及利于产业优化升级的条目，进一步凸显了智能制造在国家经济高质量发展中的突出作用。

从推动服务平台发展来看，2016年7月，工业和信息化部制定了《发展服务型制造专项行动指南》。该指南中对新一代信息技术作用下研发设计、营销管理等环节的转变进行了分析，认为此次工业革命为我国生产型制造转变为服务型制造提供了前所未有的机遇。为推动服务型制造的发展，该指南制定了推广定制化服务、优化供应链管理、发展网络化协同制造、创新增值服务、提供智能服务等一系列推动服务化新业态发展的举措。2017年6月，国家发展改革委发布了《服务业创新发展大纲（2017—2025年）》，该规划对我国服务业的发展进行了全面且细致的部署，着重强调了平台经济、体验经济以及共享经济等新型业态和商业模式的发展，推动大数据等新一代信息技术在服务业中的应用，从而实现服务业信息化、数字化、智能化的发展。2021年，国家发展改革委等部门发布《关于推动平台经济规范健康持续发展的若干意见》强调要适应平台经济的发展规律，全力降低参与者经营成本、支持平台技术创新、加强数据与算法安全监管、建立有序开放的平台生态等，从而实现平台经济健康规范的持续发展。

从推动标准制定发展来看，我国政府通过各类发展规划进一步提升了标准制定的战略地位，并制定了较为详尽的发展措施。2015年12月，工业和信息化部联合国家标准化管理委员会发布了《国家智能制造标准体系建设指南（2015 年版)》。该指南对标准体系进行了界定，包括基础共性标准、关键技术标准以及行业应用标准三类。该指南执行滚动修订制度，每 2 ~ 3 年进行更新。工业和信息化部 2016 年 12 月发布的《智能制造发展规划（2016 – 2020 年)》为推动标准制定能力的提升，该规划制定了设立标准集成组及咨询组、搭建标准试验平台、推动国际合作等相关的措施。国务院 2017 年 11 月发布的《关于深化"互联网 + 先进制造业"发展工业互联网的指导意见》中对提升标准制定能力制定了更为详尽的举措，提出了"基础共性先行、产业急需先行、创新驱动先行、自主可控先行"的原则，从而进一步为标准制定的发展步骤指明了方向。此外，在针对大数据、云计算等新一代信息技术的专项发展规划中，对如何提升相应的技术标准进行了规划。例如，在工业和信息化部 2016 年 6 月发布的《大数据产业发展规划（2016 – 2020 年)》对建设大数据标准体系提出了具体措施，包括加强顶层设计、加快基础标准研制、推动国际标准提案等。2021 年，国家标准化管理委员会、工业和信息化部联合印发了《国家智能制造标准体系建设指南（2021 版)》进一步详细规划了标准建设的具体内容，包括涵盖通用、安全、可靠性等 6 个部分的基础共性标准，涵盖智能装备、智能工厂等 6 个部分的关键技术标准，涵盖建材、石化等 12 个部分的行业应用标准。

7.1.2　我国制造企业推动全球价值链升级的路径分析

本部分以代表性强、可靠性高、覆盖面广等为原则，选取纺织业企业如意集团、机械制造业企业陕鼓集团、家电业企业海尔智家等为分析对象，对新工业革命下我国制造企业推动全球价值链升级的探索进行梳理，并通过比较分析推进经验的总结。案例的资料来源包括企业发布的招股说明书以及年报信息、对企业相关负责人员进行电话采访、专业金融服务商发布的相关企业的研究报告以及中国知网等文献库中发表的涉及相关企业的研究文章等。

7.1.2.1 典型制造企业推进路径分析

（1）纺织业——如意集团。如意集团位于山东省济宁市，是一家以毛、棉纺织生产和销售为主要业务的纺织企业。长期以来，如意集团从事原料加工及国外品牌代工生产，处于全球价值链的低端。随着国内劳动力成本的上升，企业的利润空间进一步被压缩。在市场环境及企业内部发展的双重压力下，如意集团逐步推动服务化转型。

具体来看，如意集团主要从如下几个方面推动服务化转型：第一，引进智能化信息系统，推行一体化设计服务。一方面，如意集团推行集成化设计服务，以用户需求为起点，涵盖原材料、布料、服装、品牌等整个服装产业的设计，形成实时反馈的完整体系。同时，集团分别在本部以及巴黎、东京、伦敦、米兰等时装设计发达的城市设立设计中心，充分利用当地充裕的人才和技术优势，不断提升企业自身设计水平。另一方面，企业积极推动新型智能化信息系统的应用。集团设立了面向全球的需求信息在线采集系统，并与清华大学等国内外著名研究机构合作，建成了人体大数据库等，实现了面向用户的 CAD 设计系统以及 3D 效果展示系统。第二，引进智能制造设备，实现协同化制造。在 2014 ~ 2023 年如意集团先后花费 200 多亿元实现了覆盖整个产业链的智能工厂建设。在生产制造进程中，染色、织造等工序间的生产设备实现了互联互通，不同类型的设备以及生产线之间实现了动态组合。第三，建立供应链管理中心，创新供应链管理模式。从机构设置上来看，如意集团在公司内部建立了统一的采购、物流、营销机构，推动供销与制造的一体化发展。从原料采购来看，如意集团推动供应商联盟建设，在公司各地的生产基地建成大型仓库，供应商免费使用并可以向其他厂商供给原料。在国际运输中，如意集团积极推动国际物流联盟的建设，从而有效利用当地企业在清关等方面的优势，在提升运输效率的同时，有效提升企业的国际竞争力和影响力。

经过服务化转型，如意集团成功实现了全球价值链分工地位的提升（见图 7 - 1）。2022 年集团实现总营业收入 59200 万元，外销收入占比超过 30%，公司逐步实现由原料出口向制成品出口的转变。截至 2022 年底，如意集团拥有中国 A 股和日本东京主板共计三家上市企业，旗下拥有 30 多个世界服装知名品牌，在世界 20 多个国家和地区设立营销中心，建成了完整的毛纺、棉纺服装产业链条。①

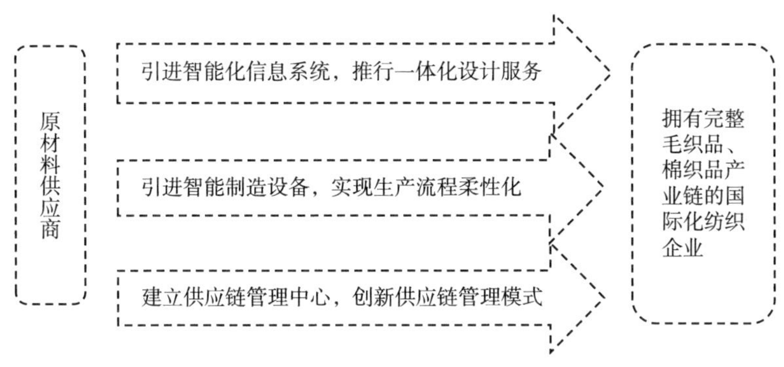

图 7－1　如意集团服务化转型

资料来源：笔者绘制。

（2）机械制造业——陕西鼓风机集团。陕西鼓风机集团（以下简称“陕鼓集团”）位于陕西省西安市，是一家以鼓风机等能源转化设备的生产、能源基础设施运营为主要业务的机械制造企业。在服务化转型之前，陕鼓集团面临着市场需求饱和、原材料及能源成本上升、产品同质化竞争严重等诸多问题。通过服务化转型，陕鼓集团实现了由单一产品生产商向综合服务提供商的转变，全球价值链地位显著提升。

陕鼓集团主要从以下几个方面推动服务化转型（见图 7－2）：第一，加快新一代信息技术应用，推动一体化服务体系建设。陕鼓集团通过新一代信息技术与生产服务相结合，提出“能源互联岛”方案。陕鼓集团以产品为中心，为客户提供系统化的服务，涵盖产品组装到回收整个生命周期，包括产品运行监测、故障维修、备件生产、改造升级等。新一代信息技术的应用有效提升了一体化服务体系的效率。同时，通过大数据分析对

① 本部分涉及的如意集团的数据均源于《山东济宁如意毛纺织股份有限公司 2022 年年度报告》。

用户需求的深入研究，陕鼓集团进一步拓展服务体系的内容，包括为资金不足的潜在客户提供融资支持等。第二，推动核心技术研发和标准制定，提升产业链主导能力，陕鼓集团通过长期对主机技术、关联技术以及系统技术进行高强度研发，获取了大量具有自主产权的核心技术，同时陕鼓集团在世界范围内积极推动供应链联盟建设，通过自身在核心零部件加工、主机生产等方面的优势，建立相应的评价体系和行业标准。第三，积极推动服务业务向相近领域扩张，充分发挥范围经济效应。陕鼓集团服务业务的扩张表现在以鼓风机等多产品为中心提供系统化的服务。以客户的个性化需求为依据，陕鼓集团将企业的产品进行组合，并基于该产品组合提供系统化的服务。

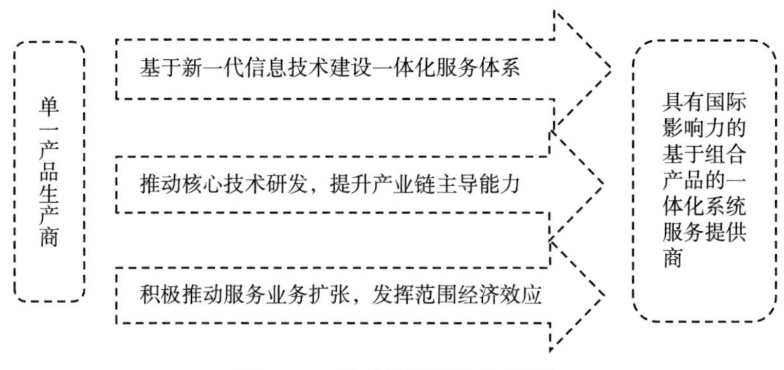

图 7－2　陕鼓集团服务化转型

资料来源：笔者绘制。

通过依靠在能源转换设备生产及维护领域的技术优势和管理经验，陕鼓集团将服务业务进一步拓展到能源基础设施运营领域。通过业务领域的交叉，陕鼓集团进一步提升自身的服务能力，从而获取范围经济带来的积极效益。通过服务化转型，陕鼓集团实现了由单一产品制造商向能源系统解决方案提供商的转变。2023 年集团主营业务收入 107.6 亿元，同比增长 3.91%，集团品牌国际影响力显著提升，其中产品冶金余热能量回收机组获得布尔诺国际工业展览会“金牌产品”。同时，集团以“一带一路”战略为契机，在印度设立陕鼓集团印度分公司，设立部分主导产品的生产基地，不断开拓共建国家市场。[①]

（3）家电制造业——海尔智家。海尔智家位于山东省青岛市，是一家具有全球影响力的家电企业。20 世纪 90 年代以来，我国白色家电市场竞争激烈，核心零部件和技术严重依赖国外进口，企业处于全球价值链的低端，只能通过采取“价格战”获取微薄的收益。为了从国内家电市场突出重围，海尔智家较早地开始推动企业转型升级，先后采取了品牌战略、多元化战略等。新工业革命开启以来，海尔智家积极践行“互联网 +”等，提出网络化战略，推动企业服务化转型。

具体来看，新时期海尔智家的服务化转型战略主要包括如下几点：第一，建设互联工厂云平台 COSMO，推动智能制造发展。从企业内部来看，在海尔智家各生产基地，通过应用物联网等技术已建成 5 个互联工厂，共计近 50 条的无人智能生产线。每一件商品均有自己的“身份”，实现用户对生产过程及物流过程的实时追踪。互联工厂实现了与用户的交互，使得用户能够参与产品的研发设计到生产制造的整个流程。通过“员工创客化”的雇佣机制，海尔智家形成了“平台 + 小微创客”的组织结构，平台为小微企业的发展提供生产设备，并通过小微企业为用户打造个性化产品。第二，建设“U + 智慧生活平台”和 HOPE 开放创新平台，为用户提供“硬件 + 服务 + 内容”的立体服务。海尔通过该平台致力于智能家电产品的生产。通过 HOPE 开放创新平台寻求创新合伙人，通过开放式创新模式不断开发出新的产品和服务。第三，寻求战略合作伙伴，推动品牌生态系统建设。海尔智家通过与相关领域的服务企业建立战略合作，极大降低了进入这些行业的壁垒。在物流领域，海尔智家建立了“日日顺”品牌，同样推行“平台 + 小微创业者”的商业模式，以中小城市为主要服务对象，为海尔电器承担物流运输业务。海尔智家发布物流运输需求，然后各小型运输团队通过竞争获取订单，完成物流运输，这一模式极大地提升了商品的运输效率。在金融领域，海尔智家成立了面向其他厂商的“海尔云贷”，向产业链中无法从银行获取贷款的中小企业提供资金支持，同时向

① 本部分涉及的陕鼓集团的数据均源于《西安陕鼓动力股份有限公司 2023 年年度报告》。

中小企业制订个性化的金融方案。

通过服务化转型，海尔智家巩固了自身在全球家电领域的领先地位，并进一步提升企业在国际分工中的获利能力（见图7－3）。根据欧睿国际的统计数据，2022年，海尔智家智慧家庭业务实现收入1263.79亿元，较2022年增长4.6%。通过并购等方式，海尔智家形成了海尔、卡萨帝、AQUA等六大品牌，共同推进全球化品牌战略的实施。截至2022年底，海尔智家通过在全球设立研发中心，发明专利占比超过60%，参与主导行业标准制定90多项。在全球范围内，海尔智家建成了“研发、制造、营销”三位一体的格局。①

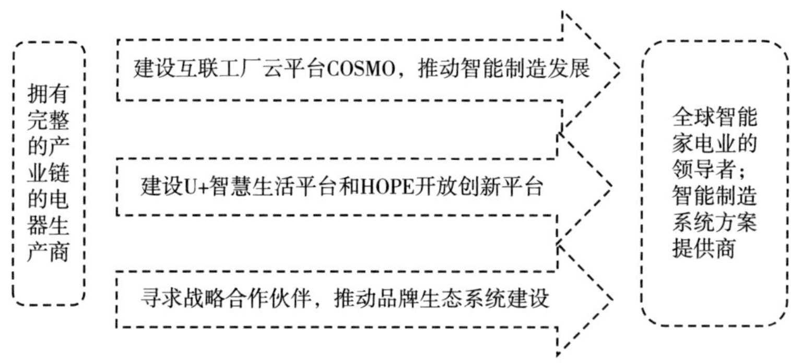

图7－3　海尔智家服务化转型

资料来源：笔者绘制。

7.1.2.2　推进路径比较与经验总结

通过分别对纺织业企业如意集团、机械设备制造业企业陕鼓集团以及家电业企业海尔智家的分析发现，三家企业虽然在具体的发展举措上存在差异，但均充分利用新工业革命带来的新一代信息技术，通过制造业服务化转型实现了全球价值链地位的提升，并积极融入新型全球价值链分工之中。本部分着力从制造业服务化转型方案与路径进行比较，对企业间发展

① 本部分涉及的海尔智家的数据均源于《青岛海尔股份有限公司2023年年度报告》。

的共性特征进行总结，从而为其他企业实现全球价值链升级提供可借鉴的经验。

从推动服务化转型的方案和路径来看，三家企业各有异同。与过去服务化转型单指由生产制造业务向价值链两端的研发设计、营销服务相比，三家企业均基于新一代信息技术的应用，致力于全产业链体系的构建。具体来讲，相同点主要包括如下几点：第一，三家企业均推动智能制造发展和工业互联网建设，不断革新生产制造方式。如意集团通过引进全球领先的智能化生产设备，实现了裁剪、配料、缝制工序的自动化，同时通过如意企业云系统建设实现了对生产全流程的控制，能够对用户数据进行存储、汇总和分析，依据需求调整工序间的硬件组合配置，从而实现对大规模定制需求产品的柔性化生产。陕鼓集团秉承“智能制造”和“绿色制造”的理念，基于行业前沿技术构建了新一代能量转化技术体系并实现了对关键核心技术的自主化。同时，陕鼓集团通过“互联网 + 智能云”建设，将企业的生产线、技术优势与信息资源进行有效整合，形成绿色的、智能的、集成的智能制造系统，为客户提供定制化的产品服务。海尔智家积极推动互联工厂的建设，并不断提升装备的智能水平，实现生产全流程的互联互通。同时，通过建设 COSMOPlat 这一具有自主产权的工业互联网平台，海尔将互联工厂与数字化信息进一步整合，实现了软硬件一体化发展。第二，三家均推动面向客户的网络平台建设，提升客户的消费体验。如意集团通过搭建网络营销平台和个性化定制数据库，不断拓展个性化定制业务，实现线上与线下的有机整合。陕鼓集团通过“能源互联岛”建设，依托物联网等信息技术将陕西省内的能源互联，从而为客户提供定制化的能源系统解决方案。海尔智家通过“U + 智慧生活平台”建设推动家电产品的智能化，通过物联网、云计算、大数据等技术实现与用户的互动，并通过整合第三方服务商为用户提供全景化的智能服务。第三，三家企业均致力于不断拓展服务业务，推动产业联盟建设。如意集团通过为供应商提供免费的仓库服务等加强与上下游供应商的合作关系，进一步提升产业影响力和话语权。陕鼓集团通过以核心技术为依托，进一步拓展智慧城市建设、国防军工等市场业务，与 EKOL 等国外企业开展合作拓展国际能源服务市场，增强企业标准制定的能力。海尔智家通过日日顺、海尔金融等拓展企业在金融、物流业务，不断完善自身的服务体系。同时海尔致力于拓展 COSMOPlat 的企业外业务，为其他制造企业提供智能制造发展的系统方案，从而转变为“工厂的工厂”，成为智能制造发展的标准制定者。

三家企业推动服务化转型的方案和路径的差异体现在服务化转型是以企业自身拓展为主还是以并购合作为主，企业对于新型服务化发展中涉及核心技术是否具有自主产权（见表 7 - 1）。不同的推进路径选择往往受企业的发展基础影响，并决定了企业服务化转型的程度。在服务转型过程中，如意集团以并购合作为主，缺少自主化的核心技术。如意集团类似于先进产能的“组装者”，通过并购海外服装品牌、引进先进生产设备、与第三方合作开发“如意企业云”系统以及与其他独立的物流公司组建的运输联盟，企业自身并没有核心的自主技术，很容易受到行业内其他企业的模仿和威胁。企业的核心竞争优势源于较早推动了基于智能制造的服务化转型。与如意集团相比，陕鼓集团在产品的智能制造生产中掌握了关键性技术，但是在基于新一代信息技术的服务转型中仍以模仿为主。陕鼓集团实现了关键产品核心技术的自主创新，并通过国际合作等推动技术系统在行业的认可程度，积极参与行业产品和服务的标准制定。但是在“能源互联岛”等互联网平台建设以效仿国内外其他行业领先企业的工业互联网建设为主，在服务体系的整合中仍以与相关领域企业的合作为主。企业的核心竞争优势集中在产品生产的核心技术以及基于产品的一体化服务。在三家企业中，海尔智家的技术自主化程度最高，不仅实现了产品核心生产技术的自有化，在工业互联网平台建设、面向普通用户的服务平台建设等方面均具有自主产权。正是基于这种核心技术的自有化，海尔智家积极推动智能制造服务体系的建设，为其他制造企业提供智能制造领域的咨询服务。可以预见，在未来，海尔智家将向 IBM、GE 等国外企业看齐，成为“工厂的工厂”，彻底转型为服务型企业。

表 7－1　如意集团、陕鼓集团及海尔智家服务化转型的主要信息比较

项目	如意集团	陕鼓集团	海尔智家
转型起点	基础原料产品生产商	单一产品生产商	完整的产业链条
转型动力	提升企业生存能力	提高企业盈利水平	巩固市场领先地位
转型方案	智能生产线＋“如意企业云”＋产业联盟建设	绿色智能制造＋“互联网＋智能云”＋“能源互联岛”	“COSMOPlat 平台”＋“U＋智慧生活平台”＋“HOPE 开放创新平台”
转型路径	技术引进及企业并购	自主研发产品核心技术；直接引进或合作建设服务平台	自主研发产品核心技术；自主设计互联网服务平台
全球价值链升级的成效	拥有完整毛织品、棉织品产业链的国际化纺织企业	具有国际影响力的基于组合产品的一体化系统服务提供商	全球智能家电业的领导者，智能制造系统方案提供商

资料来源：笔者梳理总结。

以前述对三家处于不同行业、不同发展基础的制造企业通过基于新一代信息技术的服务化转型实现全球价值链升级的个案梳理及比较分析为基础，接下来，将尝试对新工业革命下制造企业实现全球价值链升级的具体推进机制进行梳理总结（见图 7－4）。

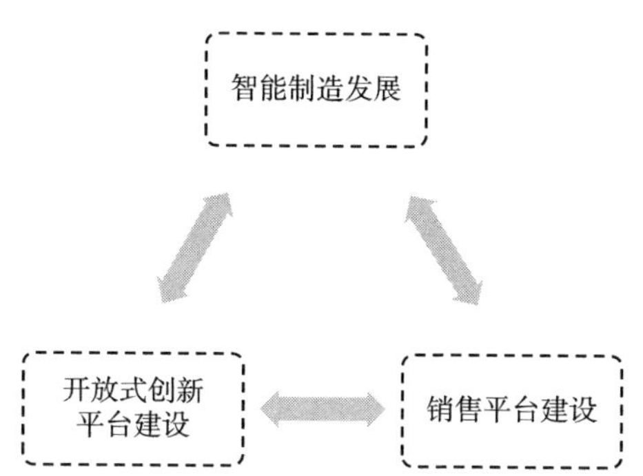

图 7－4　新工业革命下制造企业实现全球价值链升级的推进机制

资料来源：笔者绘制。

阶段一，推动工业互联网建设，提升智能制造水平。与“微笑曲线型”全球价值链相比，生产制造环节在新型全球价值链中的战略地位以及附加值均大幅上升。生产制造企业的服务化转型不再是企业将生产制造业务外包，将业务重心转变为研发设计或者销售服务。新型的服务化转型要求企业必须具备智能制造的生产能力，才能够满足客户不断演进变化的产品需求。如果企业完全舍弃生产制造环节向两端延伸，在新型价值链中仍会面临着低端锁定。因此，制造企业必须不断提升企业生产设备的数字化、自动化水平，推动新一代信息技术在企业生产中的应用，建设企业工业互联网平台，实现“互联网 + 智能云”对生产线的控制。基于工业互联网平台，企业才能够对客户个性化的产品定制需求信息进行大数据分析，并通过对各工序阶段中的智能生产设备进行特定的组合以实现产品的生产。

阶段二，建设开放式创新平台和销售平台，推动“两翼”发展。与传统意义上的服务化转型一致，新时期的服务化转型仍需拓展研发设计和营销管理等业务。但不同的是新一代信息技术的应用已经重塑了研发设计和销售服务环节，协作式创新和平台式销售逐步成为主流模式。在研发设计环节，客户、小型创意团队逐步参与到产品的研发设计之中，企业自身的创新职能被弱化，或者说企业自身已不能独立地完成产品的创新。因此，为了能够充分调动客户参与创新意愿、吸纳小型团队的创新能力，企业应积极推动开放式创新平台的建设，从而不断提升企业自身产品创新和商业模式创新的能力。从销售服务环节来看，过去的“产品 + 服务”的模式逐步转变为“产品 + 服务 + 内容”模式。为满足客户对产品浸入式的立体化需求，企业应当积极推动面向客户的智能化服务平台建设。对于产品面向厂商的企业，企业不仅要提供基于产品的一体化服务，还应通过智能化的网络平台整合第三方资源和信息，为厂商提供全方位服务。对于产品面向最终消费者的企业，企业更应注重“内容”。企业通过云计算、物联网等新一代信息技术的应用，基于产品的功能和服务的对象，不断充实平台提供内容资源，实现客户与产品的智能交互，从而满足客户全景式消费需求。

阶段三，推动“一体两翼”的协同发展，实现全产业链参与。“一体”指企业智能制造，“两翼”分别指开放式创新平台和销售服务平台。在新工业革命作用下，全球价值链中生产制造、研发设计、销售服务等环节的价值链地位和附加值水平趋同，企业全球价值链升级的含义不再是由生产制造环节向研发设计、销售服务环节的转变，而是企业基于新一代信息技术应用，全面参与到全价值链的各个环节。企业参与的价值链环节越多，则企业全球价值链地位越高。因此，企业应当在分别推动智能制造发展、开拓研发设计、销售服务业务的同时，实现“开放式创新平台—工业互联网平台—销售服务平台”的有机整合。通过开放式创新平台，企业不断获取新的产品创意和技术创新，通过对创意和创新的数据化处理，将数字化的信息传递到工业互联网平台，在该平台的调控下对各工序的生产机器进行柔性化组合从而完成对定制化产品的生产。通过销售服务平台实现客户对产品生产过程的可视化监督，并通过集成其他资源为客户提供立体化服务。制造企业通过实行基于新一代信息技术应用的服务化转型最终实现全球价值链升级。

7.2　我国推动全球价值链升级的对策选择

在新工业革命推动下，制造业服务化呈现出新的发展特征并不断涌现出新型的商业模式和产业形态，全球价值链也呈现出新的演进趋势，逐步由“微笑曲线型”向“水平型”转变。这种转变为我国制造业全球价值链地位升级提供了重大机遇。能否通过制造业服务化发展实现我国全球价值链升级依赖于政府、企业等多个市场参与主体的共同努力。因此，本部分以上文中理论分析、历史考察、实证分析以及案例分析的结论为基础，同时参考相关的政府发展文件以及大量的企业发展战略文件，尝试对新工业革命下如何通过制造业服务化推动我国全球价值链升级提出政策建议。

7.2.1 加快建设智能制造生态体系

制造体系的智能化发展是新型制造业服务化发展的基础，也是我国融入全球新型价值链的基础，而智能化发展依赖于大量关键核心技术的研发及产业化应用。当前，通过精准化的产业扶持政策，我国在工业机器人、高档数控机床等关键领域掌握了一批具有自主产权的核心技术，智能装备及高度数控化系统在部分重点行业不断推广，甚至形成了部分具有普遍适用性的智能制造模式。但是从制造业整体智能化发展来看，我国智能制造的关键核心技术及装备仍严重依赖进口，智能制造模式发展不成熟，缺少具有国际影响力的智能制造企业。因此，我国应坚持创新驱动、分类施策、系统推进的思路，推动智能制造发展。

首先，推动智能制造关键技术的研发。通过整合高校、企业、研究机构、用户等当前各类主要的创新主体，建立智能制造创新中心。围绕高可靠及高精度控制、先进感知识别、模拟仿真、人工智能、精密制造、工业互联网等智能制造发展所需的核心技术进行突破。通过大数据、云计算、物联网等新一代信息技术与制造系统的融合推动核心制造软件的开发，支撑智能制造发展。推动工业实时操作系统、制造执行系统、模拟仿真系统以及面向企业资源管理及供应链管理的软件系统等智能制造软件的研发和设计。构建工业互联网以满足智能制造发展的要求，加快对工业制造企业通信网络及设备的改造升级，开发基于工业现场网络的产品智能标识系统及解析系统，实现企业数据、网络、产品及业务的互联互通。

其次，推动智能制造的标准体系建设，标准制定体系包括基础共性标准、核心技术标准以及重点行业应用标准等。以《国家智能标准制定体系建设指南（2015 年版）》为向导，明确智能制造的总体要求、组织实施方式以及建设内容等目标方针。并以此为基础，在国家层面上建立智能制造标准体系的领导小组，实现各部门和省部委的协同工作，以实现不同行业智能制造标准体系的构建。鼓励核心骨干企业和行业协会等标准制定团体以行业智能制造发展为基础，通过跨行业、跨区域合作等推动智能制造标准体系的建设，形成政府主导与市场自主相配合的智能制造标准制定工作体系。同时准确把握新兴智能制造产业的发展趋势，实时优化智能制造的标准体系，根据智能制造核心骨干企业的发展现实，推动行业标准体系建设，加快与其他中小企业的行业标准对接。除此之外，通过对智能制造体系基本架构的分析，量化现有标准中存在的类型缺失、重复等具体问题，进一步明确智能制造标准体系的建设需求。围绕标准体系的建设需求，从术语的界定、评价的指标、数据的格式以及安全的标准等各个方面开展标准建设，进而明确智能制造的组织实施方式和行业标准。通过搭建的标准验证平台进行验证，并通过推动标准的应用和推广不断完善标准体系。在标准体系建设中，政府应鼓励智能制造骨干企业与跨国大企业的合作交流，加强智能标准体系的国际合作，在充分利用国外标准化资源的同时，积极参与国际智能制造标准的制定。在推动智能制造的标准体系建设中，政府还应鼓励高校和科研机构与国外相关机构开展合作交流，加强对智能制造的标准体系的科学研究。通过高校与科研机构的跨国交流，加深当前发达国家智能制造行业发展趋势的认识，总结智能制造标准体系建设的相关经验。针对当前我国智能制造的发展趋势和特点，提出适应于我国智能制造发展的标准体系。

最后，推动智能制造体系建设。在具有较好发展基础和规模定制需求的行业中，选择骨干企业进行智能制造试点。建设智能工厂，通过对智能制造关键技术和核心装备的集成推动柔性化生产系统的建设，从而实现与开放式创新平台系统以及精准化营销平台系统的对接。通过对企业的发展进行经验总结，形成智能制造模式，并在其他行业进行推广。鼓励智能制造发展领先的企业向智能制造方案提供商转型，一方面通过设计适应中小型制造企业的智能化生产方案提升整个行业的智能化发展水平；另一方面通过建设面向行业整体发展的服务平台，为中小型企业提供工业软件设计、数据计算处理等服务，最终形成智能制造领先企业为核心，中小企业深度参与的智能制造建设体系。领先企业通过关键技术研发，加快中小企业的智能制造化发展，而中小企业智能化发展的需求，推动了领先企业的关键技术的研发，以此形成良性互动的技术研发创新推动机制。通过政策引导等积极推动智能制造产业集聚区建设，并实现差异化发展。各集聚区围绕自身的发展基础，选择重点领域和优势产业进行智能制造升级。同时，基于互联网平台的建设实现各区域创新资源和生产能力的协同，不断优化资源配置，提升创新资源的利用效率，实现智能制造的协同发展。

7.2.2 大力推进服务型制造发展

在新工业革命作用下，制造业和服务业的融合程度进一步加深，基于智能制造系统的服务型制造成为重要的生产制造方式，在新型全球价值链中占据着重要位置。长期以来，我国以加工贸易嵌入全球价值链的方式导致生产性服务业发展严重不足，成为制约我国全球价值链升级的重要方面。但是随着新工业革命的深入推进，服务业成为新一轮国际产业转移的重点，并在新一代信息技术作用下涌现出大量的制造业与服务业融合发展的新型产业形态。为充分把握制造业服务化发展的历史契机，我国应当积极创新服务模式，推动服务型制造发展，从而提升在新型全球价值链中的参与度。

首先，推动设计服务发展，实现研发设计服务与智能制造系统的融合。创新设计在服务型制造发展中发挥着引领作用，服务于整个产业链条。创新设计服务的发展一方面体现在推动设计能力的不断提升。通过依托科研院所、骨干企业的发展以及重大的技术革新工程，推动创新设计在产品设计、工艺等领域的应用，提升工业设计水平，实现由以外观设计为主向以功能设计等高端综合设计服务为主的转变；提升工艺创新设计能力，实现工艺设计装备由通用型、单机型向专用型、网络型的转变。创新设计服务的发展另一方面体现在新型设计能力推动新型创新设计模式的发展。鼓励引导企业建设开放式协作创新平台，充分利用产品用户等企业外部的创新资源，通过与智能化柔性制造系统的结合实现定制化生产。基于物联网、云计算、大数据等新一代信息技术的应用推动云设计、众包设计等新型创新模式的发展。

其次，推广定制化服务，实现产品销售服务与智能制造系统的融合。

随着新工业革命的推进，大规模定制需求逐渐取代大规模标准化需求成为主要的需求形式。基于新一代信息技术应用的定制平台有助于适应市场需求日趋多元化的变化。通过增加强政府相关部门、行业组织以及制造企业的合作建立健全需求定制化服务的服务标准和技术规范等，推动产品零部件生产的标准化、模块化，实现生产制造环节的动态组合，从而实现大规模定制产品的生产。积极推动制造企业特别是纺织服装、电子设备、日用品等直接面向消费者的行业设立用户体验中心，建设需求信息采集平台，将用户的需求作为产品生产的起点，并将用户纳入产品的研发设计系统之中，实现用户需求信息与产品设计系统以及智能生产系统的交互，从而不断提升产品生产制造与市场需求信息的匹配度。

最后，创新服务模式，不断提升制造产品效能。随着制造业与服务业融合程度的不断加深，新型的服务模式不断涌现，成为行业价值和利润的重要来源，同时也是提升我国全球价值链地位的重要路径。因此，政府应当鼓励企业进行服务模式创新，推动服务型制造发展。通过建设国家层面的物流公共信息平台实现物流信息的数据化，推动制造业供应链管理水平的提升。鼓励制造企业实行产品全生命周期管理、总集成总承包服务等，基于互联网平台以及相关软件的应用为客户提供基于产品的实时监测、资源管理、远程维修等服务，通过“一带一路”等推动国际工程承包，实现对国际市场的技术标准输出，从而推动制造型企业效能和产品附加值水平的不断提升。支持企业进行产品收费模式的创新，实现由产品出售到基于按时按量的租赁服务交易模式的转变，推动共享经济等新型服务模式发展，从而不断延伸制造企业的服务体系，进一步提升制造产品效能，实现在新型全球价值链中的全方位参与。

7.2.3　积极参与国际贸易规则重构

面对新工业革命推动下的全球价值链变革，各国纷纷采取新的国际贸易政策，积极推动全球贸易规则的重构，从而获取更多的国际分工收益。新工业革命同样为我国实现由国际贸易规则的执行者转变为制定者提供了机遇，通过革新我国的贸易模式等在新型全球价值链构建中占得先机。

首先，进一步提升对外开放水平，特别是在服务业领域。随着新工业革命的推进，新一代信息技术的广泛应用进一步提升了服务业的可储存性、可运输性，服务业逐步成为国际产业转移的新领域。因此，我国政府应当以自由贸易区为试点和依托，进一步提升服务业对外开放水平，强化与港澳台地区及其他国家在服务业发展领域的合作，打造承接国际服务业转移的特色城市，建设我国服务业发展的高地。在服务业开放领域中坚持有序推进的原则，对不同的服务行业实行分类开放，优先开放对于制造业转型升级具有重要促进的生产性服务行业，逐步放宽外资准入限制。支持发展基础良好的城市建立服务于全球市场的服务要素交易中心，一方面推动我国服务要素融入全球市场，充分参与到新型全球价值链的构建中，另一方面可以充分利用国际上其他国家的优质服务资源补充我国服务业发展中的不足，在推动国际服务贸易繁荣发展的同时，通过优化国际服务资源的配置最大限度地推动我国全球价值链地位的提升。

其次，积极参与国际贸易新规则的制定。当前经济全球化与区域一体化趋势并行，贸易自由主义与贸易保护主义并存，国际贸易格局日趋复杂。在这种新形势下，我国政府应当在世界贸易组织的组织框架内，更加积极地参与到全球性贸易规则的制定、区域性经济合作组织的贸易谈判以及面向合作合办的单边或多边的贸易协议的制定。依托国内自贸区建设以及“一带一路”等发展战略，推动高标准的区域性贸易自由区建设。在自由贸易区内积极推动各种新规则以及标准实施，实现与贸易伙伴国家之间标准的互认，通过经验积累总结等不断探索具有全球适用性的规则体系。积极参与国际贸易统计方法的改革。随着国际分工的不断深化以及制造业与服务业深度融合发展，基于总量核算的国际贸易统计方法已经不能反映国际分工收益在各贸易国家间的实际分配情况，同时现有的产业划分也无法衡量众多新兴业态的发展状况。因此，我国应当积极参与到以增加值为核心的贸易核算体系的构建中，通过与国家相关组织的合作实现对新兴业态的发展的科学统计，推动制造企业实现由追求高贸易出口额向追求高贸易增加值的思路转变。

最后，提升参与贸易新规则制定的能力。我国参与国际贸易新规则制定话语权的提升不仅依赖于我国在国际贸易以及全球分工中参与程度的提升，还依赖于我国参与贸易新规则制定能力的增强。为提升我国参与国际贸易新规则制定的能力，我国政府应依托智库等科研机构，对国际贸易政策的前沿进行深入研究，系统分析欧美发达国家推行的贸易规则对我国经济发展产生的机遇及挑战，为我国及时有效调整贸易规则提供支撑。通过借鉴欧美发达国家的贸易规则，结合我国发展的实际情况进行适应性调整后推广实施，从而缩小我国与国际新规则之间的差距。同时，通过精简机构、明确职责等完善对外经济贸易规则的决策机制，从而进一步提升贸易规则谈判效率。通过加强专业人才的培养以及对相关议题的深入研究，提升贸易规则议题的发现能力及谈判水平，合理利用国际贸易规则，为我国制造业服务化发展的全球价值链升级效应的发挥提供公正公平的外部环境。

7.2.4　努力建立健全支撑保障体系

新工业革命的推进过程中不断产生技术创新，催生了大量新的产业形态和商业模式，因而对市场环境、法律法规、人才结构等提出更高的要求。面对我国当前在市场经济体制建设、相关政策法律法规以及人才结构方面存在的诸多问题，我国政府应当进一步从以上方面着手推进，不断完善制造业服务化发展的支撑体系，从而实现我国全球价值链地位的提升。

首先，健全法律法规和行业管理制度。加强新兴业态发展的顶层设计，实现各部委及相关部门的分工协作，通过对产业发展趋势的实时跟踪及分析不断丰富细化产业发展的方案。各地方政府及相关管理部门应当充分考虑自身的发展现实状况及比较优势制订相应的发展方案，实现中央与地方推进机制的有机结合。建立健全适应新兴业态发展的法规制度，完善知识产权保护制度，推动信息安全立法，从而为新兴业态发展提供较为宽松的政策环境，减少行政法规的障碍，同时进一步提升制造企业等创新主体的创新积极性，保护用户的信息安全，从而实现新兴业态的健康发展。

在法规制定中采取局部试点然后全面推广的战略，不断提升法规的科学性和适用性。积极推动新兴业态的管理制度建设，推动新兴业态的统计制度、信用体系以及研究智库的建设，在推动新兴业态发展的同时进一步完善新兴业态发展的市场秩序。

其次，加大对新兴业态发展的财税和金融扶持力度。制造业服务化深入发展过程中涌现的大量新兴业态目前仍处于发展的初期，为实现这些新兴业态的健康成长以及国际竞争力的提升需要政府的政策扶持。政府应进一步完善和落实面向制造业服务化发展企业的税收优惠、用地补贴、科研奖励等相关的财政政策，减轻新兴业态企业发展的负担。进一步推动政府采购在新兴业态产品中的支持力度，通过首购新产品及服务等措施扶持相关企业的发展。完善新兴业态发展的金融支持体系。在政府的引领下，通过与私人资本的合作以及其他市场化的运作，成立支持新兴业态发展的基金，支持制造业服务化深入发展中面临的重大技术创新攻克等相关项目的实施。政府应推动政策性银行及商业性银行依据自身的发展职能定位为新兴业态发展提供支撑，支持社会资本成为天使基金等风险投资机构，加快推进合同、资质抵押等新型融资方式，从而不断提升新兴业态发展中的融资能力，进一步推进新兴业态的发展。

最后，推动人才培养体系改革。随着新工业革命的推进，基于新一代信息技术应用的制造业服务化发展对复合型、高层次人才的需求进一步扩大，因此我国政府应当加快人才培养体系的改革，实现人才培养与市场需求相匹配。以国家各类重大人才建设工程为依托，提升对服务型制造发展所需高端人才的培养。支持高校进行新兴业态发展中所涉及的相关学科建设，将企业的需求纳入人才培养的目标体系中。支持高校与企业成立联合培训机制，推行对在校生的实训，从而提升人才的实践技能。依托网络公开课等社会化的教育资源进一步推动相关知识的普及，提升社会大众对于新工业革命带来的技术变革以及新兴业态发展的认知水平。加强人才的国际化交流，通过相关交流平台的建设为人才流动提供便利，在不断提升国内人才专业水平和国际视野的同时，进一步拓宽了国际人才来华发展的渠道，从而为实现全球价值链升级提供人才支撑。

第8章　结论与展望

本部分是对全书研究结论的概括梳理，同时对进一步的研究重点进行展望。其中，研究结论主要包括制造业服务化对全球价值链升级的作用机理、制造业服务化发展各阶段对全球价值链升级的差异化作用、我国制造业服务化对全球价值链升级的影响效应、新工业革命背景下制造业服务化对全球价值链升级的作用趋势、新工业革命下推动我国全球价值链升级的政策建议等。未来的研究重点包括对新工业革命下制造业服务化与全球价值链进一步发展趋势的跟踪、对新工业革命下制造业服务化影响全球价值链升级的实证检验以及以新工业革命中各类具体突破性技术为起点的研究。

8.1　研究结论

本书基于我国经济发展的现实需求，首先，分析了制造业服务化对全球价值链升级的影响机制，考察了制造业服务化在各个发展时期对全球价值链升级的作用，并实证分析了我国制造业服务化对全球价值链升级的影响效应。其次，本书分析了新工业革命下制造业服务化对全球价值链的作用趋势，并从政府和企业两个层面对新工业革命下我国全球价值链升级的探索进行了梳理。最后，基于上述研究对我国如何通过制造业服务化实现全球价值链升级提出政策建议。全书的研究结论可概括为如下几点。

第一，从影响机理分析来看，制造业服务化能够推动全球价值链升级，不同服务化类型的具体作用机制间存在差异，但均能正向促进全球价值链升级。从数理分析来看，通过构建简化模型将价值链低端国家的制造业服务化与全球价值链升级纳入同一分析框架。均衡状态时两个国家在临界环节生产单位产品的成本相同。通过求解模型均衡状态下价值链低端国家服务投入的最优生产发现，随着服务化水平的提升，全球价值链位置向上移动。从具体作用机制来看，制造业服务化能够通过产业关联效应、规模经济效应、技术创新效应、差异化竞争效应、出口效应、范围经济效应、成本效应等推动全球价值链升级。分析发现除成本效应以外，制造业服务化能够通过相应作用机制正向推动全球价值链升级。从成本效应来看，制造业服务化在短期内可能会恶化企业的财务状况，甚至可能由于过度服务化导致制造企业转型失败。但是从长期来看，制造业服务化能够降低制造企业运营成本，提升企业国际竞争水平，实现全球价值链升级。从各类型服务化的具体作用机制来看，制造业流通服务化和制造业商务服务化主要通过差异化竞争效应和成本效应影响全球价值链升级。制造业金融服务化和制造业科技服务化主要通过技术创新效应推动全球价值链升级，并通过产业关联效应推动新技术在行业间的扩散，进一步增强技术创新效应。制造业信息服务化对全球价值链升级的作用机制是多重的，体现在成本效应、技术创新效应、规模经济效应、范围经济效应等诸多方面。

第二，在不同的发展阶段，制造业服务化的主要类型及推动全球价值链升级的机制存在差异。未融合阶段的服务化主要表现为运输等生产性服务部门逐步从制造业内部分离出来，为制造业提供一般性、标准性的服务，主要通过出口效应等扩大国际市场，并基于制造业生产中的领先地位占据产业间分工的高端地位。初步融合阶段的服务化主要表现为金融服务业、商务服务业等产业的迅猛发展，逐步嵌入产品生产的非核心环节，主要通过技术创新效应、规模经济效应、差异化竞争效应等提升工业产品的国际竞争力，进而实现在国际产品间分工中的升级。高速融合阶段的制造业服务化主要表现为信息服务业、科技服务业等生产性服务业的发展，主要通过技术创新效应、差异化竞争效应等提升在研发设计环节、销售管理环节的竞争力，进而提升全球价值链中的地位。从各阶段中成功实现全球价值链升级的国家发展经验来看，主要有三点启示：一是提升技术创新水平，推动生产制造方式变革；二是积极开拓国际市场，主动参与国际分工；三是推动跨国公司发展，适应全球经济变化。

第三，通过对我国发展现实的实证分析发现，制造业服务化能够显著推动我国全球价值链升级。以完全消耗系数测量的我国制造业服务化水平表明，2000～2014 年，我国制造业服务化水平总体呈现稳步上升态势，服务化水平不仅与发达国家之间存在较大差距，与印度、巴西等发展中国家业相比也存在不足，各制造业行业服务化水平变化更加显著，行业间存在较大差异。以垂直专业化比率和出口技术复杂度衡量的我国全球价值链参与度和分工地位表明，2000～2014 年我国制造业整体全球价值链参与度持续上升，各具体行业发展存在差异，反映了我国制造业内部结构的升级变化，我国制造业整体全球价值链分工地位呈现持续上升的态势，各行业全球价值链分工地位较为平均，均面临着推动全球价值链升级的巨大压力。实证分析的结果表明制造业整体服务化对全球价值链参与度和全球价值链分工地位具有显著的正向影响，各类型服务化都能够显著推动全球价值链参与度和分工地位的提升，但在作用的大小和显著性水平上存在差异。通过对不同要素密集型制造业行业采取分组回归、动态面板模型估计等方式进行检验，结果表明上述结论是稳健的。

第四，在新工业革命作用下，制造业服务化和全球价值链均表现出新的发展特征，但制造业服务化仍能推动全球价值链升级。首先，在新工业革命的作用下，服务型制造成为制造业服务化在新时期的重要表现，呈现出关联性强、创新性高、契约性强、全生命周期性、客户导向性等特征，主要发展模式包括基于产品研发的服务、基于产品效能的服务、基于产品交易的服务、基于产品整合的服务、基于产品等硬件的共享服务。其次，全球价值链通过分解、融合以及创构等形式实现重构。研发设计环节演变为标准制定者，生产环节演变为智能制造者，销售环节将演变为服务平台，全球价值链由“微笑曲线型”转变为“水平型”。最后，新型服务化主要从三个方面推动“水平型”全球价值链升级。一是服务化有助于推动智能制造核心技术的研发和推广应用，实现生产制造方式的升级从而嵌入新型全球价值链。二是服务化有助于平台经济等新型业态的发展，通过发展开放式创新平台和精准化营销平台以适应新工业革命下研发设计和营销管理的变化，从而提升我国制造企业在新型全球价值链中的参与度。三是服务化推动了制造企业“开放式创新平台—智能制造体系—精准化营销平台”新体系发展，为制造企业获得先行者优势，在提高企业国际分工收益的同时，增强了制造企业标准制定的能力，使制造企业成为新型全球价值链构建的主导者。

第五，新工业革命背景下，我国应当进一步推动制造业服务化，实现全球价值链升级。近年来，我国政府与制造企业对如何在新工业革命下通过制造业服务化实现全球价值链升级进行了有益探索，在取得了部分成就的同时积累了宝贵的经验。制造企业实现全球价值链升级的具体推进机制概括为三个阶段：一是推动工业互联网建设，提升智能制造水平；二是建设开放式创新平台和销售平台，推动“两翼”发展；三是推动“一体两翼”的协同发展，实现全价值链参与。在未来，我国应当从以下几个方面进行重点突破。首先，提升核心技术自主创新能力，推动智能制造发展；其次，顺应新工业革命的发展潮流，推动新型制造业服务化发展；再次，积极参与国际贸易规则重构，提升我国在新型全球价值链构建中的话语权。最后，完善制造业服务化的保障体系，实现全球价值链升级。

8.2 研究展望

本书基于工业革命的视角对制造业服务化与全球价值链的动态演进、制造业服务化推动全球价值链升级的机理进行了理论分析，并基于我国的发展现实进行了实证检验和案例分析。在探索的过程中得到了部分有价值的结论，并且明确了进一步的研究方向。同时受限于个人研究水平以及相关约束，目前的研究还有较大改进空间，有待进一步地深入探索。概括来讲，未来的研究将主要集中在以下几点。

第一，进一步丰富新工业革命下制造业服务化与全球价值链的演进特征，从而更加全面地分析新工业革命下制造业服务化推进全球价值链升级的作用机制。当前新工业革命方兴未艾，目前的实践仍主要集中在发达国家以及少数新兴经济体，从微观层面上来看也主要集中在部分行业以及行业中处于领先的部分企业。同时，大量关键性技术有待进一步的突破及应用，以新一代信息技术为基础的增量性技术进步将在未来呈现出井喷态势。随着新工业革命的深入发展，必将引起大量新的产业形态涌现，制造业服务化与全球价值链表现出新的特征，进而引起作用机制的相应变化。为此，在未来的研究中应当密切跟踪产业发展的前沿，基于现实不断学习和总结制造业服务化与全球价值链新的演进特征，持续推进学术性研究，从而不断丰富相关的理论体系。

第二，进一步增强对于制造业服务化推动全球价值链升级的实证分析。这一研究领域的拓展依赖于相关统计数据的完善。一方面，加强企业层面的研究。现有的数据库使得制造业服务化测度与全球价值链地位的测度陷入了两难，上市公司数据库无法测度全球价值链地位，而海关数据库等无法测度企业层面的制造业服务化程度。因此，未来可能更多地需要通过与相关统计部门或机构进行合作，对目标企业进行调研以获取相关的统计数据，在保证数据质量的同时提升样本数量，从而完成微观层面的实证检验。另一方面，加强对新工业革命下制造业服务化推动全球价值链升级的实证检验。随着新工业革命的持续推进，相关的宏观指标受新工业革命的影响将不断加深，研究中涉及统计指标的可用年限也将不断增长，同时针对新经济、新业态的相关统计指标也将不断丰富。随着上述统计数据的不断完善，对于新工业革命下制造业服务化推动全球价值链升级的实证检验得以开展，从而为相应的理论分析提供支撑。同时，通过与新工业革命前的相关实证检验的比较分析将有助于得出更有意义的研究结论。

第三，进一步拓展对各细分领域的研究，从而丰富制造业服务化与全球价值链升级的理论体系。新工业革命下产生了大数据、云计算、物联网、人工智能等众多突破性技术，这些技术的推广和应用对于制造业服务化以及全球价值链演进的作用巨大。而本书现有的分析将各类技术进步统一概括为新一代信息技术，将其视为整体进行作用机制的分析，由此导致分析较为笼统，缺少对各类技术细致的分析，因而存在不足。因此，在未来的研究中应以各项具体的技术突破为分析起点，从而增强研究结论的准确性及对于现实的指导意义。

参 考 文 献

一、中文部分：

［1］阿里研究院．新经济崛起：阿里巴巴 3 万亿的商业逻辑［M］．北京：机械工业出版社，2016：55.

［2］埃里克·布莱恩约弗森，安德鲁·麦卡．第二次机器革命［M］．北京：中信出版社，2014：36.

［3］白清．生产性服务业促进制造业升级的机制分析——基于全球价值链视角［J］．财经问题研究，2015（4）：17-23.

［4］陈键、夏琪．中国机器人产业的“突围”之路［N］．中国高新技术产业导报，2018-03-26（013）.

［5］陈洁雄．制造业服务化与经营绩效的实证检验——基于中美上市公司的比较［J］．商业经济与管理，2010（4）：33-41.

［6］陈丽娴，沈鸿．制造业服务化如何影响企业绩效和要素结构——基于上市公司数据的 PSM-DID 实证分析［J］．经济学动态，2017（5）：64-77.

［7］陈丽娴，魏作磊．制造业服务化驱动中国经济高质量发展的理论逻辑与实证检验［J］．经济与管理评论，2022，38（6）：130-143.

［8］陈曦．中国城市生产性服务业地域分工的演化特征与效应——基于空间面板杜宾模型［J］．城市发展研究，2017，24（3）：102-109.

［9］程中华，李廉水，刘军．环境规制与产业结构升级——基于中国城市动态空间面板模型的分析［J］．中国科技论坛，2017（2）：66-72.

［10］崔国玺．沈阳 i5：打造“中国制造”升级新范本［N］．中国经济导报，2016-05-04.

[11] 崔鹏歌，尤宏兵．江苏制造业服务化与全球价值链互动影响——基于联立方程的实证分析［J］．企业经济，2015（6）：155－160.

[12] 戴克清．制造业服务化演进动态：从曲线到模块的策略选择［J］．中国科技论坛，2021（3）：84－92.

[13] 戴翔，金碚．产品内分工、制度质量与出口技术复杂度［J］．经济研究，2014，49（7）：4－17＋43.

[14] 戴翔，郑岚．制度质量如何影响中国攀升全球价值链［J］．国际贸易问题，2015（12）：51－63＋132.

[15] 邓于君．第三产业内部结构演变趋势研究［D］．广州：华南师范大学，2004.

[16] 杜传忠，杜新建．第四次工业革命背景下全球价值链重构对我国的影响及对策［J］．经济纵横，2017（4）：110－115.

[17] 杜传忠，宁朝山．网络经济条件下产业组织变革探析［J］．河北学刊，2016，36（4）：135－139.

[18] 杜传忠，张丽．中国工业制成品出口的国内技术复杂度测算及其动态变迁——基于国际垂直专业化分工的视角［J］．中国工业经济，2013（12）：52－64.

[19] 樊茂清，黄薇．基于全球价值链分解的中国贸易产业结构演进研究［J］．世界经济，2014，37（2）：50－70.

[20] 方新，余江．系统性技术创新与价值链重构［J］．数量经济技术经济研究，2002（7）：5－8.

[21] 方涌，贺国隆．制造业服务化研究述评［J］．工业技术经济，2014，33（4）：36－43.

[22] 高文群．制造业服务化的动力机制和模式选择［J］．中共贵州省委党校学报，2014（1）：29－32.

[23] 高奇琦．国家数字能力：数字革命中的国家治理能力建设［J］．中国社会科学，2023（1）：44－61＋205.

[24] 葛海燕，张少军，丁晓强．中国的全球价值链分工地位及驱动因素——融合经济地位与技术地位的综合测度［J］．国际贸易问题，2021

(9)：122－137.

［25］顾乃华．工业投入服务化：形成机制、经济效应及其区域差异——基于投入产出数据和HLM模型的实证研究［J］．产业经济研究，2010（3）：23－30.

［26］关士续．亨利·福特和他的T型车——对20世纪技术创新史上一个重大案例的分析［J］．自然辩证法研究，2000（10）：53－57.

［27］何江．工业互联网架构实例分析——以GE公司Predix为例［J］．信息通信，2017（11）：140－142.

［28］何枭吟，王晗．第四次工业革命视域下全球价值链的发展趋势及对策［J］．企业经济，2017，36（6）：151－156.

［29］何哲，孙林岩，朱春燕．服务型制造的概念、问题和前瞻［J］．科学学研究，2010，28（1）：53－60.

［30］何祚宇，代谦．上游度的再计算与全球价值链［J］．中南财经政法大学学报，2016（1）：132－138.

［31］贺俊，姚祎，陈小宁．"第三次工业革命"的技术经济特征及其政策含义［J］．中州学刊，2015（9）：30－35.

［32］胡昭玲，汪子豪．吸收马尔科夫链在全球价值链位置测度中的应用［J］．数量经济技术经济研究，2022，39（3）：107－129.

［33］黄亮雄，林子月，王贤彬．工业机器人应用与全球价值链重构——基于出口产品议价能力的视角［J］．中国工业经济，2023（2）：74－92.

［34］黄群慧，贺俊．"第三次工业革命"与中国经济发展战略调整——技术经济范式转变的视角［J］．中国工业经济，2013（1）：5－18.

［35］黄群慧，贺俊．"第三次工业革命"与"制造业服务化"背景下的中国工业化进程［J］．全球化，2013（1）：97－104＋127.

［36］黄婷婷．制造业服务化的经济效应与作用机制研究［D］．济南：山东大学，2014.

［37］黄先海，杨高举．中国高技术产业的国际分工地位研究：基于非竞争型投入占用产出模型的跨国分析［J］．世界经济，2010，33（5）：

82 – 100.

[38] 黄新焕，王文平．转型背景下代工企业资源整合行为及其演化动态［J］．系统工程，2016，34（5）：43 – 47.

[39] 黄阳华．工业革命中生产组织方式变革的历史考察与展望——基于康德拉季耶夫长波的分析［J］．中国人民大学学报，2016，30（3）：66 – 77.

[40] 黄永明，何伟，聂鸣．全球价值链视角下中国纺织服装企业的升级路径选择［J］．中国工业经济，2006（5）：56 – 63.

[41] 黄永明，张文洁．中国出口技术复杂度的演进机理——四部门模型及对出口产品的实证检验［J］．数量经济技术经济研究，2012，29（3）：49 – 62 + 89.

[42] 贾根良，刘书瀚．生产性服务业：构建中国制造业国家价值链的关键［J］．学术月刊，2012，44（12）：60 – 67.

[43] 贾根良．第三次工业革命与新型工业化道路的新思维——来自演化经济学和经济史的视角［J］．中国人民大学学报，2013，27（2）：43 – 52.

[44] 贾根良．美国学派：推进美国经济崛起的国民经济学说［J］．中国社会科学，2011（4）：111 – 125 + 222 – 223.

[45] 简兆权，伍卓深．制造业服务化的路径选择研究——基于微笑曲线理论的观点［J］．科学学与科学技术管理，2011，32（12）：137 – 143.

[46] 江剑，官建成．中国中低技术产业创新效率分析［J］．科学学研究，2008，26（6）：1325 – 1332.

[47] 姜铸，李宁．服务创新、制造业服务化对企业绩效的影响［J］．科研管理，2015，36（5）：29 – 37.

[48] 杰里米·阿塔克，彼得·帕塞尔．新美国经济史：从殖民地时期到 1940 年［M］．北京：中国社会科学出版社，2000：134.

[49] 金碚．世界工业革命的缘起、历程与趋势［J］．南京政治学院学报，2015，31（1）：41 – 49 + 140 – 141.

[50] 鞠建东，余心玎．全球价值链上的中国角色——基于中国行业上游度和海关数据的研究 [J]．南开经济研究，2014 (3)：39－52.

[51] 李勃燃．浅谈物联网与可穿戴技术融合——以苹果手表为例 [J]．通讯世界，2017 (2)：245－246.

[52] 李春顶．中国企业“出口—生产率悖论”研究综述 [J]．世界经济，2015，38 (5)：148－175.

[53] 李宏艳．中国参与跨国公司垂直专业化的地位测算 [J]．南方经济，2012 (4)：17－31.

[54] 李江帆，朱胜勇．“金砖四国”生产性服务业的水平、结构与影响——基于投入产出法的国际比较研究 [J]．上海经济研究，2008 (9)：3－10.

[55] 李江帆．新型工业化与第三产业的发展 [J]．经济学动态，2004 (1)：39－42＋86.

[56] 李金华．第四次工业革命的兴起与中国的行动选择 [J]．新疆师范大学学报（哲学社会科学版），2018 (3)：1－10.

[57] 李静，许家伟．全球价值链重构演变趋势与我国的对策——基于供给侧结构性改革的视角 [J]．江淮论坛，2017 (5)：46－50＋88.

[58] 李坤望，马天娇，黄春媛．全球价值链重构趋势及影响 [J]．经济学家，2021 (11)：14－23.

[59] 李晓慧，邹昭晞．制造业投入服务化的生产率效应分析 [J]．首都经济贸易大学学报，2015，17 (2)：39－45.

[60] 林文进，江志斌，李娜．服务型制造理论研究综述 [J]．工业工程与管理，2009，14 (6)：1－6＋32.

[61] 蔺雷，吴贵生．我国制造企业“服务增强”的实证研究及政策建议 [J]．技术经济，2009，28 (2)：47－56＋101.

[62] 凌丹，张玉玲，徐迅捷．制造业服务化对全球价值链升级的影响——基于跨国面板数据的分析 [J]．武汉理工大学学报（社会科学版），2021，34 (3)：86－93.

[63] 刘斌，魏倩，吕越，祝坤福．制造业服务化与价值链升级 [J].

经济研究，2016，51（3）：151－162.

［64］刘斌，王杰，魏倩．对外直接投资与价值链参与：分工地位与升级模式［J］．数量经济技术经济研究，2015，32（12）：39－56.

［65］刘兵权，王耀中．分工、现代生产性服务业与高端制造业发展［J］．山西财经大学学报，2010，32（11）：35－41.

［66］刘继国，李江帆．国外制造业服务化问题研究综述［J］．经济学家，2007（3）：119－126.

［67］刘书林．“五一”国际劳动节与工人阶级的团结斗争精神［J］．高校马克思主义理论研究，2016，2（3）：69－75.

［68］刘新争，侯景懿．制造业服务化的价值创造与资源配置效应［J］．江汉论坛，2023（10）：22－29.

［69］刘维刚，倪红福．制造业投入服务化与企业技术进步：效应及作用机制［J］．财贸经济，2018，39（8）：126－140.

［70］刘维林，李兰冰，刘玉海．全球价值链嵌入对中国出口技术复杂度的影响［J］．中国工业经济，2014（6）：83－95.

［71］刘艳，王诏怡，李文秀．全球价值链下中国服务业国际分工地位研究——基于GVC地位指数的分析［J］．广东行政学院学报，2017（4）：1－10.

［72］刘莹．基于GVC视角下产业升级“逆服务化”内生因素探析［J］．内蒙古农业大学学报（社会科学版），2014，16（3）：36－40.

［73］刘源丹，刘洪钟，赵鲁南．金融服务“走出去”对我国参与全球价值链重构的影响研究［J］．经济问题探索，2023（2）：160－175.

［74］刘志彪，张杰．从融入全球价值链到构建国家价值链：中国产业升级的战略思考［J］．学术月刊，2009，41（9）：59－68.

［75］刘玉荣，刘芳．制造业服务化与全球价值链提升的交互效应——基于中国制造业面板联立方程模型的实证研究［J］．现代经济探讨，2018（9）：46－55.

［76］龙飞扬，殷凤．制造业投入服务化与出口产品质量升级——来自中国制造企业的微观证据［J］．国际经贸探索，2019，35（11）：19－35.

[77] 陆颢．全球价值链重构的新特征与中国企业价值权力争夺 [J]．企业经济，2017，36（4）：131－135.

[78] 罗长远，张军．附加值贸易：基于中国的实证分析 [J]．经济研究，2014，49（6）：4－17＋43.

[79] 罗世华，戴玉芳，王栋等．大数据应用对制造业服务化转型的作用机制 [J]．经济地理，2023，43（10）：119－127＋138.

[80] 罗彦，段文静，祝树金．制造业服务化如何影响企业竞争优势——基于企业加成率视角的研究 [J]．财经理论与实践，2021，42（1）：125－132.

[81] 吕延方，方若楠，王冬．中国服务贸易融入数字全球价值链的测度构建及特征研究 [J]．数量经济技术经济研究，2020，37（12）：25－44.

[82] 吕越，罗伟，刘斌．融资约束与制造业的全球价值链跃升 [J]．金融研究，2016（6）：81－96.

[83] 吕越，李小萌，吕云龙．全球价值链中的制造业服务化与企业全要素生产率 [J]．南开经济研究，2017（3）：88－110.

[84] 吕越，陈泳昌，华岳．制造业服务化与企业减排 [J]．经济评论，2023（2）：139－155.

[85] 吕越，于喆宁，陈泳昌等．制造业服务化的就业效应：空间关联、影响机制与异质性 [J]．经济与管理研究，2023，44（1）：93－110.

[86] 吕云龙，吕越．制造业出口服务化与国际竞争力——基于增加值贸易的视角 [J]．国际贸易问题，2017（5）：25－34.

[87] 吕政，刘勇，王钦．中国生产性服务业发展的战略选择——基于产业互动的研究视角 [J]．中国工业经济，2006（8）：5－12.

[88] 马奔，叶紫蒙，杨悦兮．中国式现代化与第四次工业革命：风险和应对 [J]．山东大学学报（哲学社会科学版），2023（1）：11－19.

[89] 马红旗，陈仲常．我国制造业垂直专业化生产与全球价值链升级的关系——基于全球价值链治理视角 [J]．南方经济，2012（9）：83－91.

[90] 马涛. 全球价值链背景下我国经贸强国战略研究 [J]. 国际贸易, 2016 (1): 26-32.

[91] 梅雪芹. 19世纪英国城市的环境问题初探 [J]. 辽宁师范大学学报, 2000 (3): 105-108.

[92] 孟宪凤, 王军. 东印度公司与17世纪英国东印度贸易 [J]. 历史教学 (下半月刊), 2016 (5): 58-63.

[93] 苗圩. 制造强国和网络强国建设迈出坚实步伐 [N]. 人民邮电, 2017-10-17 (001).

[94] 倪红福. 中国出口技术含量动态变迁及国际比较 [J]. 经济研究, 2017, 52 (1): 44-57.

[95] 彭继宗, 郭克莎. 制造业投入服务化与服务投入结构优化对制造业生产率的影响 [J]. 经济评论, 2022 (2): 17-35.

[96] 齐俊妍, 王永进, 施炳展, 盛丹. 金融发展与出口技术复杂度 [J]. 世界经济, 2011, 34 (7): 91-118.

[97] 綦良群, 王曦研, 刘晶磊. 基于服务化的中国先进制造业如何实现全球价值链升级 [J]. 中国科技论坛, 2023 (11): 68-77+138.

[98] 綦良群, 燕奇, 王金石. 基于服务化的先进制造业全球价值链升级演进过程仿真研究 [J]. 科技进步与对策, 2024, 41 (1): 44-55.

[99] 邵安菊. 全球价值链重构与我国产业跃迁 [J]. 宏观经济管理, 2016 (2): 74-78.

[100] 宋则, 常东亮, 丁宁. 流通业影响力与制造业结构调整 [J]. 中国工业经济, 2010 (8): 5-14.

[101] 苏晓. 2017年我国共享经济市场规模达到57220亿元 [N]. 人民邮电, 2018-02-24 (003).

[102] 索维, 张亮. RCEP、全球价值链重构及中国的应对策略 [J]. 江苏社会科学, 2022 (5): 127-134.

[103] 唐海燕, 张会清. 产品内国际分工与发展中国家的价值链提升 [J]. 经济研究, 2009, 44 (9): 81-93.

[104] 唐晓华, 刘蕊. 中国高铁全球价值链地位测度和国际竞争力比

较［J］. 财经问题研究，2020（10）：38－46.

［105］唐宜红，张鹏杨. FDI、全球价值链嵌入与出口国内附加值［J］. 统计研究，2017，34（4）：36－49.

［106］唐志芳，顾乃华. 制造业服务化、全球价值链分工与劳动收入占比——基于 WIOD 数据的经验研究［J］. 产业经济研究，2018（1）：15－27.

［107］童有好. "互联网＋制造业服务化"融合发展研究［J］. 经济纵横，2015（10）：62－67.

［108］汪应洛. 推进服务型制造：优化我国产业结构调整的战略思考［J］. 西安交通大学学报（社会科学版），2010，30（2）：26－31＋40.

［109］王成. 跨国公司推动国际分工演进的作用分析［J］. 企业导报，2011（1）：11－12.

［110］王锋波，钟坚，刘胜. 数字化转型对制造业服务化的影响：理论探索与经验辨识［J］. 经济问题探索，2023（7）：121－141.

［111］王铭. 英国工业革命与世界工业霸权［J］. 辽宁大学学报（哲学社会科学版），2006（2）：65－69.

［112］王术峰，李松庆. 制造业服务化程度与绩效关系分析［J］. 商业经济研究，2016（13）：206－208.

［113］王玉辉，原毅军. 服务型制造带动制造业转型升级的阶段性特征及其效应［J］. 经济学家，2016（11）：37－44.

［114］王直，魏尚进，祝坤福. 总贸易核算法：官方贸易统计与全球价值链的度量［J］. 中国社会科学，2015（9）：108－127＋205－206.

［115］魏云捷，徐大为，杨一帆，胡毅，乔晗，汪寿阳. 商业模式变革研究：TCL 案例［J］. 管理评论，2016，28（10）：250－258.

［116］魏作磊，王锋波. 制造业服务化对企业绩效的影响——基于广东省上市公司数据的 PSM－DID 实证分析［J］. 财经理论研究，2020（6）：72－86.

［117］吴贵生，蔺雷. 我国制造企业"服务增强"的实证研究及政策建议［J］. 管理工程学报，2011，25（4）：87－95.

[118] 吴义爽，盛亚，蔡宁．基于互联网+的大规模智能定制研究——青岛红领服饰与佛山维尚家具案例［J］．中国工业经济，2016（4）：127-143.

[119] 谢文明，江志斌，储熠冰．服务型制造在传统制造业的应用——上海电气案例研究［J］．工业工程与管理，2012，17（6）：91-96+106.

[120] 徐振鑫，莫长炜，陈其林．制造业服务化：我国制造业升级的一个现实性选择［J］．经济学家，2016（9）：59-67.

[121] 许晔，郭铁成．IBM"智慧地球"战略的实施及对我国的影响［J］．中国科技论坛，2014（3）：148-153.

[122] 许冬兰，张新阔．中国制造业服务化的绿色福利效应研究——基于污染改善与环境TFP双重视角［J］．中国地质大学学报（社会科学版），2021，21（4）：56-72.

[123] 宣烨，余泳泽．生产性服务业层级分工对制造业效率提升的影响——基于长三角地区38城市的经验分析［J］．产业经济研究，2014（3）：1-10.

[124] 杨桂菊，刘善海．从OEM到OBM：战略创业视角的代工企业转型升级——基于比亚迪的探索性案例研究［J］．科学学研究，2013，31（2）：240-249.

[125] 杨国亮．西方国家跨国公司发展史：经验与启示［C］．中国经济规律研究会、河南财经政法大学：2014：4.

[126] 杨慧，宋华明，俞安平．服务型制造模式的竞争优势分析与实证研究——基于江苏200家制造企业数据［J］．管理评论，2014，26（3）：89-99.

[127] 杨连星，罗玉辉．中国对外直接投资与全球价值链升级［J］．数量经济技术经济研究，2017，34（6）：54-70.

[128] 杨仁发，郑媛媛．数字经济发展对全球价值链分工演进及韧性影响研究［J］．数量经济技术经济研究，2023，40（8）：69-89.

[129] 杨汝岱，姚洋．有限赶超与经济增长［J］．经济研究，2008

(8): 29 - 41 + 64.

[130] 杨锐, 刘志彪. 新产业革命下产业组织变化的效率改进与实现机制 [J]. 天津社会科学, 2016 (6): 93 - 100.

[131] 杨书群. 我国制造企业服务化的动因及模式构建 [J]. 科技和产业, 2012, 12 (4): 39 - 44.

[132] 杨涛. 工业互联网的阶段性界碑 [J]. 中国工业评论, 2015 (10): 76 - 81.

[133] 杨文武, 罗文宝. 国际分工体系的演进动因及启示 [J]. 人民论坛·学术前沿, 2016 (9): 44 - 55.

[134] 杨小凯, 黄有光. 专业化与经济组织: 一种新兴古典微观经济学框架 [M]. 北京: 经济科学出版社, 1999.

[135] 姚洋, 张晔. 中国出口品国内技术含量升级的动态研究——来自全国及江苏省、广东省的证据 [J]. 中国社会科学, 2008 (2): 67 - 82 + 205 - 206.

[136] 易子榆, 魏龙, 蔡培民. 数据要素如何重构全球价值链分工格局: 区域化还是碎片化 [J]. 国际贸易问题, 2023 (8): 20 - 37.

[137] 余泳泽, 刘大勇. 我国区域创新效率的空间外溢效应与价值链外溢效应——创新价值链视角下的多维空间面板模型研究 [J]. 管理世界, 2013 (7): 6 - 20 + 70 + 187.

[138] 袁小慧, 范金, 王凯, 刘金红. 新一轮科技革命背景下居民消费升级对中国产业转型影响研究 [J]. 新疆社会科学, 2015 (6): 12 - 18.

[139] 曾世宏. 基于产业关联视角的中国服务业结构变迁 [D]. 南京: 南京大学, 2011.

[140] 张辉, 吴尚, 陈昱. 全球价值链重构: 趋势、动力及中国应对 [J]. 北京交通大学学报 (社会科学版), 2022, 21 (4): 54 - 67.

[141] 张鹏. 思科基于人工智能的预测服务让工厂重回企业发展领航之位 [J]. 通信世界, 2017 (29): 46.

[142] 张为付, 戴翔. 中国全球价值链分工地位改善了吗? ——基

于改进后出口上游度的再评估［J］. 中南财经政法大学学报，2017（4）：90－99.

［143］张艳萍，凌丹，刘慧岭. 数字经济是否促进中国制造业全球价值链升级？［J］. 科学学研究，2022，40（1）：57－68.

［144］张小宁，赵剑波. 新工业革命背景下的平台战略与创新——海尔平台战略案例研究［J］. 科学学与科学技术管理，2015，36（3）：77－86.

［145］张渊阳. 浙江省流通业发展对制造业升级的影响研究［D］. 杭州：浙江工商大学，2015.

［146］赵佳颖，孙磊. 全球价值链重构的利益分配及其对中国的影响研究［J］. 亚太经济，2023（2）：11－22.

［147］赵建萍，李朝霞. 京东和美的：供应链实现数据充分共享［J］. 条码与信息系统，2016（4）：23.

［148］赵霞. 生产性服务投入、垂直专业化与装备制造业生产率［J］. 产业经济研究，2017（2）：14－26.

［149］中国工程院制造强国战略研究项目组. 服务型制造［M］. 北京：电子工业出版社，2016：73－88.

［150］周大鹏. 制造业服务化对产业转型升级的影响［J］. 世界经济研究，2013（9）：17－22＋48＋87.

［151］周静. 全球产业链演进新模式研究［J］. 上海行政学院学报，2016，17（3）：79－87.

［152］周艳春，赵守国. 制造企业服务化的理论依据及动因分析［J］. 科技管理研究，2010，30（3）：169－171＋168.

［153］庄惠明，陈洁. 我国服务业发展水平的国际比较——基于31国模型的投入产出分析［J］. 国际贸易问题，2010（5）：53－60.

二、英文部分：

［1］Amiti，M. and Freund，C. An Anatomy of China's Export Growth ［R］. NBER Working Paper，2008.

［2］Antràs P，Chor D，Fally T，et al. Measuring the upstreamness of production and trade flows [J]. The American Economic Review, 2012, 102 (3): 412 -416.

[3] Baumol W J. The Macroeconomics of Unbalanced Growth [J]. American Economic Review, 1967, 57 (3): 415 -426.

[4] Bernard A B, Jensen J B, Redding S J, et al. Intrafirm Trade and Product Contractibility [J]. American Economic Review, 2010, 100 (2): 444 -448.

[5] Berthou A. The distorted effect of financial development on international trade flows [R]. 2010.

[6] Brandyberry A, Rai A, White G P. Intermediate performance impacts of advanced manufacturing technology systems: An empirical investigation [J]. Decision Sciences, 1999, 30 (4): 993 -1020.

[7] Brown B, Sichtmann C, Musante M. A model of product-to-service brand extension success factors in B2B buying contexts [J]. Journal of Business & Industrial Marketing, 2011, 26 (3): 202 -210.

[8] Chaney T. Distorted Gravity: The Intensive and Extensive Margins of International Trade [J]. American Economic Review, 2008, 98 (4): 1707 -1721.

[9] Dani, Rodrik. What's So Special about China's Exports? [J]. China & World Economy, 2006, 14 (5): 1 -19.

[10] Daudin G, Rifflart C, Schweisguth D. Who produces for whom in the world economy? [J]. Canadian Journal of Economics/Revue canadienne d'économique, 2011, 44 (4): 1403 -1437.

[11] Fally T. Production staging: measurement and facts [J]. Boulder, Colorado, University of Colorado Boulder, 2012, 5 (4): 155 -168.

[12] Fernandez - Stark K, Frederick S, Gereffi G. The Apparel Global Value Chain [J]. Duke Center on Globalization, Governance & Competitiveness, 2011, 43 (4): 1302 -1338.

[13] Fishbein B K, Ehrenfeld J R, Young J E. Extended Producer Re-

sponsibility [J]. A Materials Policy for the 21st Century, New York: Inform Inc, 2000.

[14] Francois J F. Producer services, scale, and the division of labor [J]. Oxford Economic Papers, 1990, 42 (4): 715 –729.

[15] Gereffi G, Humphrey J, Kaplinsky R. Introduction: Globalisation, value chains and development [J]. IDS bulletin, 2001, 32 (3): 1 –8.

[16] Gereffi G, Humphrey J, Sturgeon T. The governance of global value chains [J]. Review of international political economy, 2005, 12 (1): 78 – 104.

[17] Gereffi G. International trade and industrial upgrading in the apparel commodity chain [J]. Journal of international economics, 1999, 48 (1): 37 –70.

[18] Hansen M W, Pedersen T, Petersen B. MNC strategies and linkage effects in developing countries [J]. Journal of World Business, 2009, 44 (2): 121 –130.

[19] Hausmann R, Pritchett L, Rodrik D. Growth accelerations [J]. Journal of Economic Growth, 2005, 10 (4): 303 –329.

[20] Hausmann, R, Hwang, J. and Rodrik, D. What Your Export Matters? [J]. Journal of Economic Growth, 2005, 1 (12): 205 –230.

[21] High-tech Strategy for German in 2020: Idea. Innovation. Prosperity [M]. Bonn, Berlin: Federal Ministry of Education and Research, 2010.

[22] Hummels D, Ishii J, Yi K M. The nature and growth of vertical specialization in world trade [J]. Journal of international Economics, 2001, 54 (1): 75 –96.

[23] Humphrey J, Schmitz H. How does insertion in global value chains affect upgrading in industrial clusters? [J]. Regional studies, 2002, 36 (9): 1017 –1027.

[24] Kaplinsky R, Morris M. A handbook for value chain research [M]. Ottawa: IDRC, 2001.

[25] Kastalli I V, Van Looy B. Servitization: Disentangling the impact of service business model innovation on manufacturing firm performance [J]. Journal of Operations Management, 2013, 31 (4): 169 - 180.

[26] Koopman R, Wang Z, Wei S J. Estimating domestic content in exports when processing trade is pervasive [J]. Journal of Development Economics, 2012, 99 (1): 178 - 189.

[27] Koopman R, Wang Z, Wei S J. How much of Chinese exports is really made in China? Assessing domestic value-added when processing trade is pervasive [R]. National Bureau of Economic Research, 2008.

[28] Kowalkowski C, Gebauer H, Oliva R. Service growth in product firms: Past, present, and future [J]. Industrial Marketing Management, 2017 (60): 82 - 88.

[29] Lay G, Copani G, Jäger A, et al. The relevance of service in European manufacturing industries [J]. Journal of Service Management, 2010, 21 (5): 715 - 726.

[30] Leiponen A. The benefits of R&D and breadth in innovation strategies: a comparison of Finnish service and manufacturing firms [J]. Industrial and Corporate Change, 2012, 21 (5): 1255 - 1281.

[31] Li Sun S, Chen H, Pleggenkuhle - Miles E G. Moving upward in global value chains: the innovations of mobile phone developers in China [J]. Chinese Management Studies, 2010, 4 (4): 305 - 321.

[32] Long N V, Riezman R, Soubeyran A. Fragmentation, Outsourcing and the Service Sector [C]. Cirano Working Papers, 2001.

[33] Macpherson A. Producer Service Linkages and Industrial Innovation: Results of a Twelve - Year Tracking Study of New York State Manufacturers [J]. Growth and Change, 2008, 39 (1): 1 - 23.

[34] Martinez V, Bastl M, Kingston J, et al. Challenges in transforming manufacturing organizations into product-service providers [J]. Journal of manufacturing technology management, 2010, 21 (4): 449 - 469.

[35] Mathieu V. Service strategies within the manufacturing sector: benefits, costs and partnership [J]. International Journal of Service Industry Management, 2001, 12 (5): 451 -475.

[36] Maxwell I A. Technology and innovation: The fifth industrial revolution [J]. Chemistry in Australia, 2014, 5 (4): 352 -380.

[37] Melitz M J. The Impact of Trade on Intra - Industry Reallocations and Aggregate Industry Productivity [J]. Econometrica, 2003, 71 (6): 1695 - 1725.

[38] Nuutinen M, Lappalainen I. Towards service-oriented organisational culture in manufacturing companies [J]. International Journal of Quality and Service Sciences, 2012, 4 (2): 137 -155.

[39] Oliva R, Kallenberg R. Managing the transition from products to services [J]. International journal of service industry management, 2003, 14 (2): 160 -172.

[40] Porter M E, Millar V E. How information gives you competitive advantage [J]. Harvard Business Review 1985, 30 (7): 10 -23.

[41] Reiskin E D, White A L, Johnson J K, et al. Servicizing the chemical supply chain [J]. Journal of Industrial Ecology, 1999, 3 (2 -3): 19 - 31.

[42] Ren G, Gregory M J. Servitization in manufacturing companies: a conceptualization, critical review, and research agenda [J]. 2007, 30 (4): 101 -125.

[43] Rieber W J. Trade, Income Levels, and Dependence, by Michael Michaely [J]. 1984, 32 (3): 186 -210.

[44] Rifkin J. Third industrial revolution [M]. The third industrial revolution: Palgrave Macmillan, 2011: 26 -27.

[45] Rosenberg N. Technological change in the machine tool industry, 1840 -1910 [J]. The Journal of Economic History, 1963, 23 (4): 414 - 443.

[46] Schwab K. The fourth industrial revolution [C]. Geneva: World Economic Forum, 2016.

[47] Services management: An integrated approach [M]. Leuven: Pearson Education, 2003.

[48] Strange R, Zucchella A. Industry 4.0, global value chains and international business [J]. Multinational Business Review, 2017, 25 (3): 174 - 184.

[49] Szalavetz A. The tertierization of manufacturing industry in the "new economy" [R]. TIGER Working Paper Series, 2003.

[50] Vandermerwe S, Rada J. Servitization of business: adding value by adding services [J]. European management journal, 1988, 6 (4): 314 - 324.

[51] Ward Y, Graves A. Through-life management: The provision of integrated customer solutions by aerospace manufacturers [R]. Bath University Working Paper, 2005.

[52] White A L, Stoughton M, Feng L. Servicizing: the quiet transition to extended product responsibility [J]. Tellus Institute, Boston, 1999, 97 (1): 1 - 89.

[53] Windahl C, Lakemond N. Developing integrated solutions: The importance of relationships within the network [J]. Industrial Marketing Management, 2006, 35 (7): 806 - 818.

[54] Wolfmayr Y. Producer services and competitiveness of manufacturing exports [R]. FIW Research Reports, 2008.

[55] Young A A. Increasing returns and economic progress [J]. The economic journal, 1928, 38 (152): 527 - 542.

后　记

从2008年第一次接触到经济学，转眼已经过去了十六年。在此期间，每当面临人生选择时，我都选择了继续深造，希望能够进一步学习和研究经济学并将此作为我毕生的事业。博士毕业后我顺理成章地选择进入高校成为一名教师，以求在新的岗位上实现自己的人生理想。入职后我才发现高校教师的工作是紧张而又充满挑战的，承担着课堂教学、学术研究以及学生管理等多项内容。如何平衡各项工作成为从教道路上的重要课题。所幸在领导、导师以及朋友的指导帮助下，我已经能够比较从容地应对各项工作。

当前我们处在一个中国经济研究的黄金期，所有的经济现象都具有鲜明的时代特征和中国特色。对于相关经济问题的分析总能激发我们的研究热情，任何小的进步和结论都能让人欢欣鼓舞。我对于制造业服务化与全球价值链升级的研究始于博士阶段，在导师杜传忠教授的指引下，我开始了对于这一选题的研究，并将此作为工作以后研究的重点方向。深耕数年，我对制造业服务化与全球价值链升级有了一定认识，迫切希望能够有这样的一个媒介与同仁交流我的研究成果。

本着客观务实的原则，我将近年来的相关研究整理成书稿。感谢经济科学出版社编辑的细致工作，大大减少了书稿中的错误与疏漏。由于学术水平有限，书中可能仍存在着一些不足，诚恳期待大家批评指正，从而共同把对我国制造业服务化与全球价值链升级的研究进一步深入推进。

杜新建

二〇二四年一月于烟台